Skizzier-
Schule

Skiz

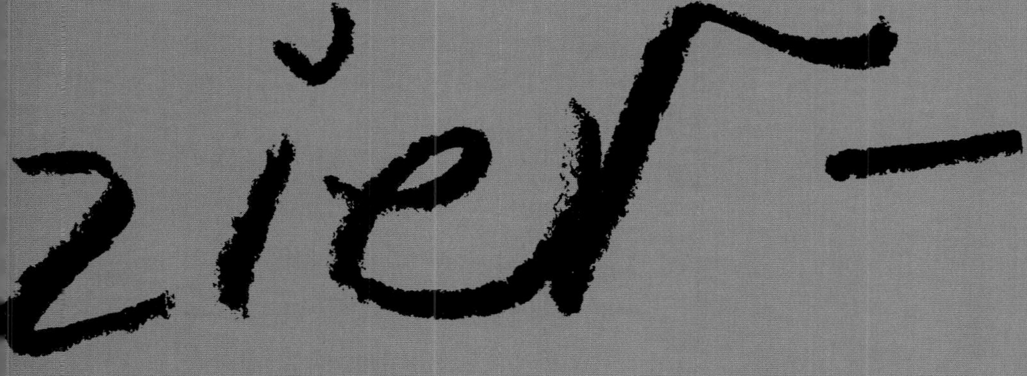

Judy
Martin

Schule

KÖNEMANN

This book was designed and produced by
Quarto Publishing plc
The Old Brewery
6 Blundell Street
London N7 9BH

Original title: Sketching School

Senior Editor: *Kate Kitby*
Copy Editor: *Angela Gair*
Art Editor: *Nick Clark*
Designers: *Daniel Evans, Steven Randall*
Picture Researcher: *Angela Anderson*
Photographers: *Ian Howes, Gilbert Elliot*
Art Director: *Moira Clinch*
Publishing Director: *Janet Slingsby*

Könemann Verlagsgesellschaft mbH
Bonner Str. 126, D-50968 Köln
Übersetzung aus dem Englischen: *Katharina Babusch*
Redaktion und Satz der deutschen Ausgabe: *Jolanta Gatzanis*
Projektkoordination und Redaktion: *Sylvia Hecken*
Redaktion: *Ralph Henry Fischer*
Druck und Bindung: *Sing Cheong Printing Co., Ltd.*
Printed in Hong Kong, China
ISBN 3-8290-0330-7

Inhalt

ABSCHNITT **2**

DIE MITTEL ERWEITERN

ABSCHNITT **3**

THEMEN

ABSCHNITT **4**

ANGEWANDTES SKIZZIEREN

1

Einstieg

ABSCHNITT 1

Einstieg

Skizzieren hat viele verschiedene Funktionen. Dabei gibt es ebenso viele Möglichkeiten zu skizzieren wie man Zeichen auf ein Blatt bringen kann und genauso viele Arten von Skizzen wie es Künstler gibt, die sie machen. Eine der wichtigsten Funktionen des Skizzierens ist, visuelle Informationen aus Ihrer Umgebung zu sammeln. Das allein kann schon das Ziel sein. Dieses Buch beabsichtigt unter anderem zu zeigen, daß Skizzieren eine vielfältige, vergnügliche und jedem zugängliche Kunst ist. Falls Sie jedoch daran interessiert sind, Gemälde, Drucke, Skulpturen, Keramiken oder Textildesign anzufertigen, dann sind Skizzen eine lebendige Quelle für Ihre Arbeit. Eine zufällige Beobachtung kann zu einer Reihe von Gedankengängen und Handlungen führen, die unerwartet reichhaltige Resultate zur Folge haben können.

Doch beginnen wir mit dem Anfang. Die Beispiele und Projekte in diesem Abschnitt geben Ihnen die Mittel an die Hand, sich mit dem Skizzieren so vertraut zu machen, daß es Ihnen gelingt. Der große Nutzen eines Skizzenbuchs liegt darin, daß es nicht nur sehr persönliche Aufzeichnungen des Künstlers enthält, sondern ein umfassendes und faszinierendes Dokument individueller Erfahrung und Entwicklung sein kann. Eine großformatige Zeichnung oder ein Bild sind eine öffentliche Äußerung – schließlich ist das der Zweck von Kunst –, aber wenn Sie skizzieren, sollten Sie nicht das Gefühl haben, daß Ihnen jemand über die Schulter schaut oder daß Sie visuell oder technisch etwas beweisen müssen. Sie sollten nur zur Ihrem eigenen Spaß und Vergnügen und nach Ihrer gegenwärtigen Stimmung skizzieren.

Trotzdem kann es frustrierend sein, wenn Sie etwas Besonderes sehen, aber nicht in der Lage sind, die Atmosphäre in Ihrer Skizze festzuhalten. Hierbei können verschiedene Faktoren eine Rolle spielen, die hemmend wirken: Es kann sein, daß Sie beim Besuch eines bestimmten Ortes unter Zeitdruck stehen, entweder durch die Situation oder durch irgendwelche Begleiter. Es kann sein, daß Sie versuchen, zu detailliert zu arbeiten, wenn Sie ein Bild festhalten wollen, und dabei bräuchten Sie nur eine grobe Skizze, die Ihnen als Gedankenstütze dient. Es kann sein, daß Sie draußen arbeiten und Fremde über Ihre Schulter schauen und Ihre Arbeit kommentieren. Aber es kann auch an Ihren eigenen Erwartungen liegen. Sind Sie so sehr damit beschäftigt, eine gute Skizze anzufertigen, daß Sie Ihr Motiv ein wenig aus den Augen verlieren? Oder werden Sie dadurch gebremst, daß Sie glauben, nicht die richtigen Materialien zu haben? Wenn Sie zum Beispiel nur einen schwarzen Filzstift dabei haben, wo Sie doch von der Farbe des Motivs am

Daphne Casdagli
Bleistift
10,8 x 14,6 cm

In dieser Bleistiftzeichnung eines südamerikanischen Bergdorfes (rechts) hat die Künstlerin mit schnellen Strichen die Formen der Häuser und Terrassen festgehalten – eine lebendige Studie. Mit schriftlichen Notizen hat sie interessante Details der Ansicht vermerkt.

John Lidzey
Bleistift und Wasserfarben
15,2 x 48 cm

Hier wurde die volle Breite des offenen Skizzenblocks genutzt, um eine Frontansicht der Häuserreihe darzustellen. Die Umrisse der architektonischen Formen sind mit Bleistift frei skizziert. Frei aufgetragene Wasserfarben geben einen guten Eindruck des Farbkontrastes.

gebuch anlegen? Ist es Ihnen wichtig, identifizierbare Bilder herzustellen, oder reichen persönliche Bezugspunkte, die ein Außenstehender nicht verstehen muß? Was sind Ihre Beweggründe, wenn Sie skizzieren? Wollen Sie das, was Sie sehen, aufzeichnen? Neue Erfahrungen oder Ideen für spätere Arbeiten sammeln? Warum haben Sie ein bestimmtes Motiv ausgewählt, zufällig, während Sie auf ein Flugzeug oder einen Zug warten? Ruft es besondere Assoziationen in Ihnen hervor? Reagieren Sie im wesentlichen auf das visuelle Element, oder halten Sie das Thema für eine technische Herausforderung?

Natürlich können Sie Ihre schnelle Skizze als eine erste Reaktion nehmen, die nicht in die Tiefe gehen muß. Wenn Sie aber für ein Thema mehr Zeit haben, oder drei oder mehr Skizzen anfertigen, könnten sich Ihre Interessen und Ziele im Verlauf ändern, da Sie mehr wahrnehmen und sich Ihnen verschiedene Möglichkeiten bieten, Informationen aufzuzeichnen. Skizzieren bedeutet: offen sein ebenso für Experimente und Fehler wie für glückliche Zufallsentdeckungen, die Sie überraschen und ermutigen werden. Die folgenden Seiten liefern Ihnen viele Ideen und Inspirationen, um mit dem Skizzieren zu beginnen und Ihre Ausdrucksmittel Schritt für Schritt zu erweitern.

Stan Smith
Bleistift
38,1 x 50,8 cm

Die gleichzeitige Eleganz und Unbeholfenheit der ausdrucksstarken Linien in dieser Zeichnung ergeben ein überraschendes Bild. Die Formen sind nur angedeutet, und dennoch kommen Stimmung und Charakter deutlich zum Vorschein. Gestrichelte, dunkle Formen ziehen den Blick an und betonen die Offenheit der Komposition.

Es gibt viele Gründe, regelmäßig zu skizzieren: um journalistische Notizen über Orte, Menschen und Dinge zu machen, die Sie gesehen haben; um visuelle Eindrücke zu sammeln, die später zur Fertigstellung von Arbeiten beitragen können; um kleinere Details, z.B. von natürlichen oder architektonischen Formen, festzuhalten; um kompositionelle Ideen auszuarbeiten, die sich vor Ihrem geistigen Auge bilden.

Mut entwickeln für das Skizzieren in der Öffentlichkeit

Projekt 1

Neil Meacher
Bleistift
14,6 x 21 cm

In den Perspektiven dieser zwei Zeichnungen (rechts) fängt der Künstler den Charakter des Themas ein, indem er Tiefe und Fokus ändert. Weiche Bleistiftlinien bilden die Formen und Strukturen. Zwei getrennte Zeichnungen auf gegenüberliegenden Seiten schaffen eine ansprechende Ganzheit.

EINSTIEG

Skizzieren können Sie überall

Wenn Sie anfangen, Skizzenbücher zu führen, gibt es einige praktische Fragen zu klären. Welche Größe sollte das Skizzenbuch haben? Sollte es ein gebundenes Buch sein oder Seiten haben, die man herrausreißen kann? Welche Werkzeuge können Sie ganz bequem überall mitnehmen?

Am Anfang können Sie einen einfachen, spiralgebundenen Notizblock und einen Stift verwenden. Die technischen Details sind kaum wichtig. Sie können Ihre Vorlieben für Materialien und Methoden entwickeln, während Sie sich an das Skizzieren gewöhnen. Aber es gibt auch andere praktische Probleme. Es kann zu peinlichen Situationen kommen, wenn Sie in der Öffentlichkeit skizzieren und Leute Ihnen zusehen oder bemerken, daß sie beobachtet werden. Heimlich zu skizzieren wird aber weder Ihrem Selbstvertrauen noch Ihrer Methode dienlich sein. Die Lösung ist, es einfach zu tun. Probleme löst man am besten, indem man sich ihnen stellt. Aber wenn Sie Ihnen fremde Personen skizzieren, sollten Sie sicher gehen, daß niemand Anstoß daran nimmt.

Daphne Casdagli
Wasserfarbe
17,2 x 11,4 cm

Ein lebhaftes Gefühl für Atmosphäre ist in dieser Skizze mit bewundernswerter Knappheit der Mittel erreicht. Weil sie mit Wasserfarben besonders schnell arbeiten mußte, hat die Künstlerin eine freie und breite Pinselführung und nur eine beschränkte Farbpalette gewählt. Dennoch erhält man einen klaren Eindruck der Komposition.

EINSTIEG

- *Entscheiden Sie, ob Sie nur ein einzelnes Skizzenbuch für alle Ihre Zeichnungen oder für jeden Themenbereich ein gesondertes Skizzenbuch haben wollen.*

- *Halten Sie all Ihr Material zusammen, aber versuchen Sie, mit einer Minimalausstattung auszukommen. Wenn Sie z.B. mit einem Bleistift arbeiten, brauchen Sie keinen Radiergummi, da freie Skizzen nicht sauber und genau sein müssen. Sie brauchen jedoch einen Anspitzer oder ein Taschenmesser, um Ihren Bleistift spitz zu halten.*

- *Gewöhnen Sie sich an, von Anfang an offen zu arbeiten. Wenn Sie Leute skizzieren, machen Sie es ihnen leicht, die Situation zu akzeptieren. So können Sie sich besser auf Ihre Arbeit konzentrieren. Bestehen Sie aber nicht darauf, jemanden zu skizzieren, der es nicht möchte.*

- *Finden Sie eine bequeme Position, wenn Sie arbeiten, außer Sie erstellen gerade eine grobe Skizze. Wenn Sie eine ausführliche Studie durchführen, suchen Sie sich einen Ort, wo Sie sich hinsetzen und Ihr Skizzenbuch hinlegen können, damit Sie Bewegungsfreiheit haben.*

Elisabeth Harden
Bleistift
37, 5 x 26 cm

Alltägliche Ereignisse bieten so viele interessante Motive zum Skizzieren wie ungewohnte Umgebungen und Ereignisse. Als die Künstlerin einen Freund bei der Gartenarbeit beobachtete, erkannte sie das Potential für ein lebhaftes Bild und zeichnete mit freien Strichen und Tönen.

Stan Smith
Wasserfarbe
30,5 x 40 cm

Diese Pinselzeichnung vermittelt einen detaillierten Eindruck, aber ihre scheinbare Komplexität wurde mit einfachen Mitteln erreicht. Der Hintergrund ist mit einer breiten Pinselführung koloriert. Die klaren Umrisse und die starken Farben des Bootes bilden den Mittelpunkt. Der Vordergrund wird durch die von den Masten auf der linken Seite abstrahlenden, feinen Linien durchzogen. Verschiedene Grauschattierungen, die Wasser und Steine darstellen, beleben die Komposition und verbinden sie zu einer Einheit.

Ein aufmerksames Auge entwickeln

Stellt man sich einen Künstler vor, denkt man meist an jemanden, der, mit Pinsel und Farben bewaffnet, gemütlich in irgendeiner sonnigen Landschaft sitzt. Sie werden aber kaum immer sehr viel Zeit zum Skizzieren haben oder immer ein ideales, leicht zugängliches Motiv finden. Wie auch immer, wenn Sie unbedingt skizzieren wollen, können Sie jedes Motiv benutzen, das sich Ihnen anbietet. Gleich, wie vertraut oder banal ein Gegenstand zu sein scheint, in dem Moment, wo Sie ihn skizzieren, betrachten Sie ihn mit anderen Augen. Sie werden feststellen, daß Ihr Couchkissen oder Ihre Katze ebenso interessant sind wie eine Bergansicht oder ein eingesperrter Leopard.

EINSTIEG

Naheliegende Motive

Der Vorteil dabei ist, daß Sie zu Hause arbeiten und sich soviel Zeit nehmen können, wie Ihnen zur Verfügung steht. Hier können Sie auch in Ruhe Ihre Materialien auswählen, etwa entscheiden, ob Sie zeichnen oder malen wollen, ob Ihre Skizze farbig oder monochrom sein soll und in welchem Format Sie sie anlegen. Schauen Sie sich in Ruhe in Ihrer Wohnung um und versuchen Sie, mit den Augen eines Künstlers das visuelle Potential Ihrer alltäglichen Umgebung zu entdecken. Und vergessen Sie dabei nicht ein Motiv, daß Sie immer zur Verfügung haben: sich selbst.

Stan Smith
Wasserfarben
31,1 x 22,9 cm

Zwei Früchte bilden das einfachste Stilleben. Sie gestatten eine Vielzahl von Form-, Farb-, und Strukturstudien. Hier ist die großflächige Kolorierung mit Wasserfarbe durch feine Pinselstriche übermalt.

Daphne Casdagli
Buntstifte
15,9 x 11,4 cm

Da wir sehr viel Zeit in Räumen verbringen, bieten sich Interieurs als ideale Motive an. Diese Skizze zeigt, wie eine ungewöhnliche Perspektive, ein frischer, direkter Zugriff und die Betonung der Kontraste ein originelles Bild erzeugen können.

Stan Smith
Filzstift
22,9 x 30,5 cm

Diese Skizze der schlafenden Kinder (unten) beinhaltet eine Reihe von interessanten visuellen Verweisen. Ungeachtet der Bewegungslosigkeit der Modelle, hat der Künstler die Gesichtszüge und Hände der Kinder, die Falten der Bettdecke und die Stäbe des Bettgestells mit kraftvollen Strichen gezeichnet. Ein schwieriges Detail ist lebensecht gearbeitet worden, die Gesichtszüge eines der Kinder. Typische Merkmale sind, im Gegensatz zu dem Gesicht eines Erwachsenen, die hohe Stirn und die kleine Nase.

Judy Martin
Filzstift (links und oben)
28 x 17,8 cm

Porträts sind nicht leicht zu zeichnen. Skizzen von Selbstporträts geben Ihnen die Möglichkeit, alleine zu üben. Die Skizzen werden jedesmal eine andere Stimmung und Wahrnehmung widerspiegeln. Beginnen Sie mit Filzstift oder Bleistift, einfache Strichzeichnungen anzufertigen, und wenn Sie sich sicherer fühlen, können Sie auch mit Farben arbeiten.

MÖGLICHE MOTIVE

- *Selbstporträts. Zeichnen Sie zunächst ruhig drauf los, bis Ihnen ein objektiver Blick auf Ihr Gesicht gelingt. Versuchen Sie dann zum Spaß, Ihr Gesicht im Stil eines Künstlers zu zeichnen, den Sie bewundern.*
- *Teppiche oder Vorhänge. Gemusterte Textilien sind einfache, aber detaillierte Gegenstände, die dem Zeichner Disziplin und Konzentration abverlangen. Zeichnen Sie mit Linien oder Farben.*
- *Zimmerpflanzen oder Blumengestecke, Obst und Gemüse. Naturprodukte schulen das Auge für Formen, Strukturen und Farben. Versuchen Sie, schnell und mit verschiedenen Materialien zu skizzieren und mit verschiedenen Interpretationsansätzen zu experimentieren.*
- *Das Haustier. Viele Katzen oder Hunde verbringen sehr viel Zeit mit Schlafen oder Ausruhen, so daß sie ideale Modelle abgeben. Es ist aber auch eine besondere Herausforderung, sie in Bewegung zu skizzieren.*
- *Ein ungemachtes Bett kann fast zu einer alpinen Landschaft werden, wenn Sie die Falten des Bettlakens und der Decke näher betrachten. Falls Sie gerne Personen zeichnen, können Sie Ihre Kinder oder Ihren Partner während des Schlafes skizzieren.*
- *Eine Küchenanrichte. Lassen Sie ruhig alle Küchenwerkzeuge und Lebensmittel, die zufällig auf ihr sind, liegen. Ihre Formen, Muster und Strukturen geben dem Ganzen einen Stillebencharakter.*
- *Zeichnen Sie, was Sie durch Ihr Fenster sehen, die gegenüberliegende Hausfassade, den Hof, Geschäfte und Einkäufer, den Straßenverkehr.*

Die Arbeit im Freien bietet eine Fülle von Möglichkeiten – Landschaften, Seestücke, Parks und Gärten, Stadtansichten mit oder ohne Menschen. Aber das Skizzieren bringt auch einige praktische Nachteile mit sich. Wie transportiert man die Sachen, die man braucht, insbesondere für Arbeiten mit Farbe? Wie schützt man sich vor extremen Wetterbedingungen, ohne sich dabei beim Zeichnen zu behindern.

EINSTIEG

Im Freien skizzieren

Projekt 3

Das Motiv für eine Skizze festlegen

Mit den Elementen umgehen lernen

Atmosphäre einfangen

Angesichts der enormen Vielfalt möglicher Motive muß man seine Aufmerksamkeit im Freien auf das Machbare konzentrieren. Schon mit den Ansichten von einem einzigen Standort aus könnten Sie einige Skizzenbücher füllen. Deshalb müssen Sie wählerisch sein. Zwar arbeiten Sie beim Skizzieren immer mit den gleichen Elementen (Raum, Form, Licht und Farbe), aber draußen sind sie größer und Ihrer Kontrolle entzogen. Wie Sie an die Arbeit herangehen, hängt auch davon ab, ob Sie versuchen, eine breite atmosphärische Ansicht zu erfassen oder ob Sie Details, wie der wechselnde Himmel und Lichtwirkungen auf Landschaft und Architektur interessieren. Glücklicherweise wird es Situationen geben, wo Sie beides tun können. Sehen Sie sich die Umgebung an und setzen Sie dann Prioritäten.

DEN STANDORT WÄHLEN

Vertrauen Sie Ihrer Intuition, wenn Sie etwas Interessantes sehen. Ob eine Gesamt- oder eine Teilansicht: skizzieren Sie sie sofort. Wenn Sie Zeit haben, können Sie auch Skizzen aus verschiedenen Blickwinkeln machen, aber vertun Sie nicht die Chance, eine gute Skizze zu erstellen, nur weil Sie sich am Anfang nicht entscheiden können.

Elisabeth Harden
Bleistift, Wasserfarben und Gouache
59,7 x 42 cm

Ihre Skizzen im Freien können sowohl einzelne Details als auch breitere Landschaftsansichten umfassen. Hier liefert ein Pflaumenbaum in Blüte über einem hellen Blumenmeer eine Menge visueller Eindrücke und fängt die Stimmung des Frühjahrs ein. Mit Hilfe dieser Skizze fertigte die Künstlerin später ein Gouache-Bild und eine Collage vom gleichen Motiv an.

Daphne Casdagli
Wasserfarbe und Kugelschreiber
14,6 x 21 cm

Eine breite offene Landschaft ist ein attraktives Motiv – Felder, Hügel, Waldland, Hecken und Zäune. Durch breite Pinselstriche und zarte Farben sowie Geräumigkeit und Helligkeit durch unbemalte Flächen schafft die Künstlerin einen Eindruck der Weite. Dies wird durch die dunklen Töne des Himmels noch hervorgehoben. Der lineare Rahmen der Landschaft ist leicht mit Tintenstrichen angedeutet, die teilweise in das Bild eingebunden sind.

PRAKTISCHE HINWEISE

- *Entscheiden Sie, ob Sie eine bestimmte Ansicht studieren wollen, oder ob Sie weit hinaus gehen möchten, um unterschiedliche Ansichten und Details zu finden. Nehmen Sie nur das nötigste Material mit.*
- *Wenn Sie längere Zeit an einem Ort verbringen möchten, suchen Sie sich einen bequemen Platz zum Sitzen und einen kleinen, flachen Felsen oder eine Mauer, wo Sie Ihre Sachen abstellen können.*
- *Wenn Sie mit Farbe arbeiten, stellen Sie sicher, daß Sie genügend Wasser zur Verfügung haben. Es gibt nichts Frustrierenderes als wenn Ihre Farben trüb werden, weil Sie Ihren Pinsel nicht richtig auswaschen können.*
- *Ziehen Sie bequeme und praktische Kleidung an. Wenn es sehr heiß ist, tragen Sie einen Hut. Wenn es sehr kalt ist, ziehen Sie mehrere Sachen übereinander und fingerlose Handschuhe an. Sie spüren die Außentemperatur sehr schnell, wenn Sie längere Zeit bewegungslos sind.*

Moira Clinch
Bleistift
35,5 x 45,1 cm

Bei diesem Bild ist die Qualität des Strichs an die Gegebenheiten des Musters und der Struktur angepaßt. Der hohe Blickpunkt der Künstlerin öffnet eine klare Perspektive auf die panoramahafte Landschaft. Für eine detaillierte Zeichnung wie diese benötigt man mehrere Stunden. Sie sollten daher einen für Sie bequemen Ort finden.

Projekt

4

Die Zeit optimal nutzen

Den eigenen Stil entdecken

Jede lange oder kurze Reise, sei sie geschäftlich oder privat, bietet Gelegenheit, unbekannte Orte und Menschen zu skizzieren. Sie können dabei nicht nur Ihre Skizziermethoden trainieren, sondern auch persönliche Aufzeichnungen dessen machen, was Sie gesehen haben.

Während Sie auf Reisen sind, kann Skizzieren ein guter Zeitvertreib sein. Wenn Sie in einem Auto, Bus, Flugzeug oder Zug sitzen, können Sie Ihre Begleiter oder den Innenraum skizzieren.

Stan Smith
Kugelschreiber
14,6 x 21 cm

Reisezeit wird oft vergeudet, aber durch Skizzieren wird sie sinnvoller gestaltet, und Sie verbessern dadurch Ihre Wahrnehmung und Technik (rechts). Bus und Bahn bieten interessante Perspektiven und viele zufällige Modelle.

EINSTIEG

Unterwegs skizzieren

Auch gibt es auf jeder Reise Situationen, in denen Sie sich mit Bleistift oder Kugelschreiber visuelle Notizen machen können, während Sie in der Hotellobby oder im Restaurant auf jemanden warten. Ihre Materialien auf der Reise sollten einfach und beweglich sein. Gebundene Skizzenbücher gibt es in verschiedenen Größen. Sie sind handlich und können jederzeit hervorgeholt werden, wenn sich ein unerwarteter Moment ergibt. Bleistifte und alle Stifte mit Reservoir – Kugelschreiber, Filzstifte, Tusche – sind die gängigsten Werkzeuge zum Zeichnen. Sie können auch Buntstifte mit sich führen, um in Farbe zu arbeiten. Problematischer sind fragilere Materialien wie weiche Pastellkreide oder Wasserfarben. Wenn Sie Wasserfarben mit auf die Reise nehmen, machen Sie sich beim Zeichnen Farbnotizen und kolorieren die Skizze später.

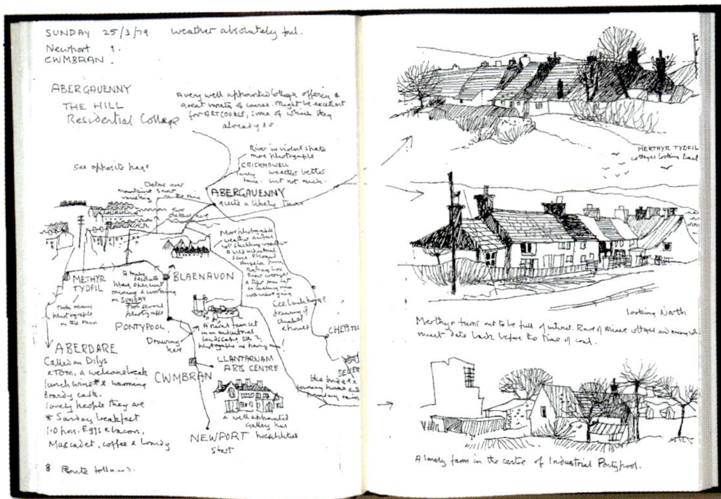

Ray Evans
Tusche
14,6 x 21 cm

Ein typisches Skizzenbuch. Der Künstler zeichnete eine Karte der besuchten Orte und machte sich in einem Tagebuch Notizen. Die Karte umfaßt auch Details lokaler Ansichten, die durch Zeichnungen auf der rechten Seite ergänzt werden.

VORBEREITUNGEN

Wählen Sie sorgfältig Ihr Material aus und beschränken Sie sich auf das Minimum. Die Grundausrüstung, ein kleines Skizzenbuch und verschiedene Stifte sollten Sie in Ihrem Handgepäck haben, so daß Sie sie jederzeit benutzen können.

Wenn Sie auf einer langen Reise sind und sowohl mit Wasserfarben als auch mit anderen Zeichenwerkzeugen ausgerüstet sind, wählen Sie anstelle vieler Tuben und Pasten einen kleinen, leichten Wasserfarbkasten und nehmen Sie nur zwei oder drei Pinsel mit, mindestens einen groben und einen feinen.

MOTIVE UNTERWEGS

- *Erste Eindrücke von Orten*
- *Interessante Perspektiven. Innenräume von Fahrzeugen, Wartezimmern und Hotels*
- *Dinge, die man auf der Reise sieht. An jeder Haltestation können Sie Häuser, Geschäfte und Straßenansichten des Ortes zeichnen.*
- *Cafés und Restaurants. Die Einrichtung, die Gäste, Tischanordnungen, das Essen.*

Moira Clinch
Bleistift und Buntstifte
35,5 x 46 cm

In einem fahrenden Fahrzeug zu skizzieren, könnte Ihnen helfen, Ihre Technik aufzulockern (unten). Die Bewegungen eines Busses oder Fahrzeuges erschweren es, ein Bild ganz unter Kontrolle zu halten. Wie in diesem Beispiel: die Bewegungen werden zu einer lebhaften Linienführung, die den Charakter dieses Bildes ausmacht.

Reiseeindrücke

Unbekannte Orte bieten eine Fülle von Motiven. Wenn Sie viele visuelle Eindrücke aufnehmen, werden Sie feststellen, daß Sie so Vitalität und Selbstvertrauen in Ihre Technik und Interpretation gewinnen. Bei allen Skizzen auf diesen Seiten haben sich die Künstler sehr viel Zeit gelassen, die Details ihrer Motive anzuschauen und sie aufs Papier zu bringen. Solch eine konzentrierte Arbeit schließt Aufzeichnungen von schnellen, visuellen „Tagebuchnotizen" nicht aus.

Stan Smith
Mischtechnik
33 x 25,4 cm

Diese geschäftige Straßenszene erhält dadurch Tiefe und Charakter, daß sie sich auf eine einzelne Person konzentriert, die zur zentralen Achse der Abbildung wird. Mit freier und selbstsicherer Hand kombiniert der Künstler Tinte, Bleistift und Pastell mit Wasserfarben, um das vibrierende Spektrum der Farben und Strukturen einzufangen. Die visuellen Verbindungen von Rot und Gelb unterstreichen die durchdachte Komposition.

Moira Clinch
Bleistift
35,5 x 46 cm

Für viele von uns ist ein kleines Fischerboot nicht gerade ein alltäglicher Anblick. Die Künstlerin hat sich auf die visuellen Möglichkeiten konzentriert, die die verschiedenen Strukturen, Texturen und Muster der einzelnen Motive anbieten. Der Bleistift gestattet ihr, vielfältige lineare und tonale Abstufungen zu schaffen. Die interessante Perspektive, von der Hafenwand herunter, gestattet eine in sich abgeschlossene Form, in der jedes Merkmal sorgfältig ausgearbeitet ist.

Stan Smith
Wasserfarbe auf buntem Papier
28,6 x 38,7 cm

Die interessantesten Motive auf Ihren Reisen werden Sie nicht immer unter den Touristenattraktionen oder auf den belebten Straßen finden. Dieses gedämpfte Arbeitsplatzinterieur hat dem Künstler eine sanfte Geometrie und subtile Farben geliefert, die zusammen ein starkes atmosphärisches Bild schaffen. Die Verwendung von lederfarbigem Papier mittlerer Tönung, die Grundlage für die Skizze mit Wasserfarben, unterstützt die Stimmung und vereinheitlicht die Arbeit.

Projekt
5

Die Möglichkeiten einfacher Materialien ausschöpfen

Das ideale Werkzeug zum Skizzieren ist sauber, leicht und tragbar und kann in jeder Situation schnell eingesetzt werden. Bleistifte, Kugelschreiber und Filzstifte erfüllen diese Kriterien. Diese praktische Seite ist aber nur ein Grund, sie zu benutzen. Alle haben auch eine besondere fließende und variable Qualität des Strichs, die Ihren Skizzen Vitalität verleiht. Jeder schafft darüberhinaus seine eigene Textur. Die Striche sind sehr weich und reagieren auf die Bewegungen

EINSTIEG

Bleistift, Kugelschreiber, Filzstift

und den Druck Ihrer Hand.

Zum Skizzieren brauchen Sie Bleistifte der Stärke B. H-Bleistifte sind sehr hart, und die Striche werden zu hell, um gute Resultate zu erzielen. Denken Sie auch daran, daß ein Bleistift umso schneller stumpf wird, je weicher er ist. Daher sollten Sie immer etwas zum Anspitzen und draußen auch eine Plastiktüte dabei haben, um die Anspitzreste aufzufangen.

Buntstifte eignen sich gut, um schnell Farbnotizen zu machen. Wählen Sie einige mit den, Ihrer Meinung nach, wichtigsten Farben. Bestimmte Farben können Sie auch durch Mischen herstellen. Gelb und Blau ergeben Grün, Gelb und Rot Orange.

Die Qualität der Linien von Kugelschreibern ist unterschiedlich. Bei schmierenden Minen kann es passieren, daß Sie Kleckse und Flecken auf Ihre Zeichnung bekommen. Probieren Sie verschiedene aus, um herauszufinden, mit welchem Sie am besten arbeiten und klare Linien zeichnen können. Sie können jede Farbe benutzen, aber mit schwarzen und blauen Kugelschreibern können Sie die vielfältigsten Töne erzeugen.

Filzstifte ziehen feine und fließende Striche, die durch unterschiedlichen Druck variiert werden können. So können Sie Bildqualitäten wie Volumen und Tönung berücksichtigen.

Elisabeth Harden
Filzstifte
14,6 x 10,8 cm

Filzstifte sind in der Regel etwas heller, so daß es eine Herausforderung ist, die Farben in einem Bild so zu kombinieren, daß es sowohl aussagekräftig wie präzise ist. Bei diesem Beispiel bieten rot-braune Töne einen angenehmen Kontrast zu den grünen und blauen Flächen. Durch Farbstriche und Felder gewinnt das Bild Dreidimensionalität.

Daphne Casdagli
Buntstifte
11,4 x 15,9 cm

Buntstifte bieten ein großes Spektrum an Farben (links), von subtilen neutralen bis zu lebhaften Farbtönen. Diese Wiedergabe eines dekorativen Tors nutzt die spezifischen Eigenschaften des Mediums sehr gut aus.

TRANSPORT IHRER STIFTE

Alle Zeichenstifte können in Ihrer Jackentasche Platz finden, was Ihnen erlaubt, jederzeit schnelle Skizzen zu erstellen. Wenn Sie jedoch mit einem weichen Bleistift arbeiten, wäre es besser, ihn in einem Etui oder in einer Mappe aufzubewahren, damit er nicht verschmiert. Bei Kugelschreibern und Filzstiften sollten Sie darauf achten, daß sie verschlossen sind und in Ihrer Tasche nicht auslaufen können.

John Lidzey
Bleistift
22,9 x 30,5 cm

Ein Bleistift ist ein vielseitiges Werkzeug, das eine breite Palette von Grau bis Schwarz erschließt (rechts). Eine ausgewogene Komposition erhält hier eine Betonung durch die schweren Bleistiftschraffuren.

Stan Smith
Kugelschreiber
14,6 x 21 cm

Die Verwendung von Kugelschreibern zwingt Sie unweigerlich zu einer sorgfältigen Annäherung an Ihr Motiv (unten), da die Striche stark und nicht mehr ausradierbar sind. Falls Sie einen Fehler machen, können Sie versuchen diesen Bereich zu übermalen, wie bei dem rechts sitzenden Kind, wo der Künstler nachgebessert hat. Obwohl die Betonung auf der Strichführung und der Interaktion der Personen liegt, schafft die Dichte der Tinte in der Schattierung ein Gleichgewicht der Töne.

Wenn Sie mit einem linearen Medium arbeiten, haben Sie vielleicht den Eindruck, daß Ihrer Skizze etwas fehlt. Überall in diesem Buch finden Sie Beispiele von Techniken, die monochromen Zeichnungen Tönungen und Farbe geben. Aber die Zeichnungen auf diesen Seiten zeigen Ihnen, welches Potential einfache Strichzeichnungen haben, um dreidimensionale Formen, Räume und Atmosphäre oder Stimmung zu erzeugen.

Die Hand befreien

Mit verschiedenen Werkzeugen experimentieren

Projekt 6

Moira Clinch
Bleistift
29,2 x 40,6 cm

Der Innenraum des Fahrzeuges ist hier meisterhaft mit einfachen geschwungenen Linien hinter den Sitzen und am Fensterbereich dargestellt (rechts). Eine Art Spannung in den Linien deuten die Konzentration des Fahrers an.

EINSTIEG

Der Zauber der Linie

Stifte aller Art – Kugelschreiber, Filzstifte, Füller – ermöglichen eine variable Linienführung, die klar, zittrig, gerade, kantig oder angedeutet sein kann. Schnell angefertigte Skizzen Ihrer Motive (siehe auch S. 14–15) helfen Ihnen, die Eigenschaften Ihres Stifts kennenzulernen. Auch einfaches Kritzeln erfüllt diesen Zweck. Um jedoch herauszufinden, wie Sie Formen oder Stimmungen erzeugen können, müssen Sie die Konturen und Details eines Gegenstandes zeichnen. Lassen Sie Ihre Hand das Zeichenwerkzeug ganz locker führen, Ihrem visuellen Eindruck folgend.

Es gibt verschiedene Tricks, um einen räumlichen und gegenständlichen Effekt zu erzielen: den Strich auslaufen lassen oder unterbrechen, wenn eine Hintergrundsform skizziert wird; bei einer schönen runden Form den Strich anschwellen lassen, um ihr Konturen zu geben und sie hervorzuheben; einen Strich ausfransen oder ihn mehrfach übermalen. Schauen Sie sich hier die Beispiele an, um die jeweiligen Techniken zu identifizieren. Überprüfen Sie dann an anderen Zeichnungen, wie diese Techniken eingesetzt wurden, um das jeweilige Motiv darzustellen.

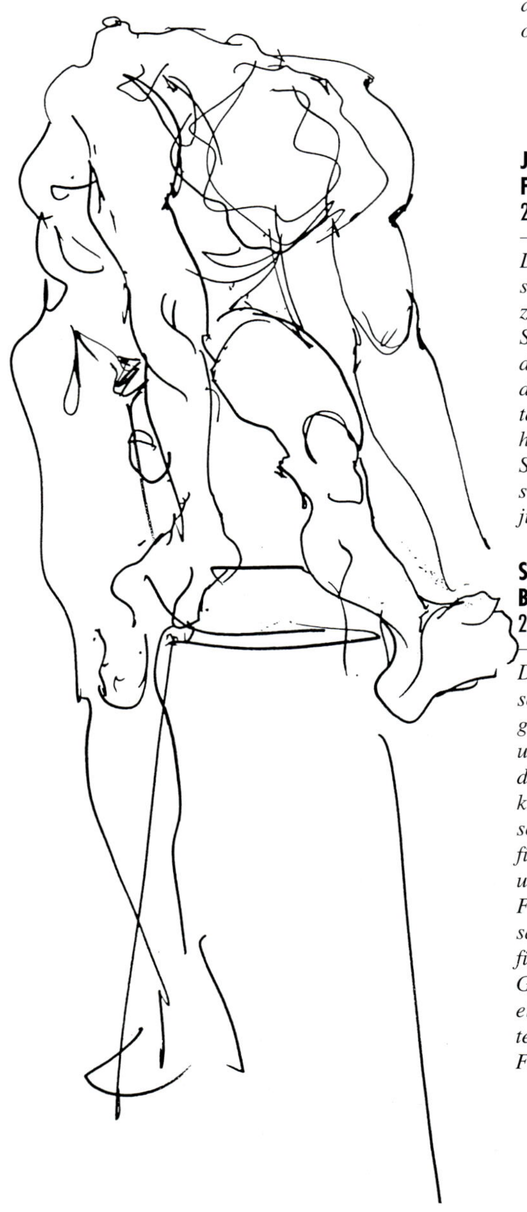

John Elliot
Filzstift
27,3 x 15,9 cm

Diese Demonstrationsskizze eines Akts (links) zeigt die reichhaltigen Strichqualitäten, die mit dem Filzstift erzielt werden können. Um Vitalität und Stärke der Figur hervorzuheben, wird die Strichführung geschwungen und verjüngt.

Stan Smith
Bleistift und Tusche
29,2 x 20,1 cm

Die Linien-Struktur dieser Zeichnung (rechts) gibt der Person Gewicht und Festigkeit, obwohl die einzelnen Striche kurz und zerbrechlich scheinen. Die Strichführung bei dem Baby und dem Körper der Frau scheint, im Gegensatz zu der Strichführung an Kopf und Gesicht der Frau, wie ein Relief zu sein. Achten Sie auch auf die Faust des Kindes.

Stan Smith
Bleistift
20,1 x 14,6 cm

Die Vereinfachung der Linienführung ist manchmal der Schlüssel zum Erfolg. Widerstehen Sie der Versuchung, die Zeichnung unnötig auszuschmücken. Diese schnell angefertigte Skizze einer Person (oben rechts) hat eine fließende Grazie, die durch die Sparsamkeit der Strichführung und die gezielt ausgewählten visuellen Elemente entsteht.

ZEICHENWERKZEUG

- *Bleistift – die Strichqualität hängt davon ab, wie weich oder hart der Bleistift und wie spitz er ist, auch davon, wie stark Sie beim Zeichnen aufdrücken. Manchmal muß der Bleistift spitz sein, damit die Striche sauber und scharf sind; mit einer stumpfen Spitze wird die Zeichnung weicher. Um unterschiedliche Breiten und Strukturen zu erhalten, können Sie die Bleistiftspitze drehen und neigen.*
- *Kugelschreiber – Kugelschreiber haben einen fließenden Strich, der freies Gestalten ermöglicht. Sie können die Spitze nachziehen und drehen, um lebhafte Striche zu erzeugen, und sie fester aufdrücken und kritzeln, um kühnere Bilder zu bekommen.*
- *Filzstifte – sie bieten einheitlichere Strichqualitäten, da sie nicht fest aufgedrückt werden können, ohne daß die Spitze bricht oder ausfranst. Es gibt eine Reihe von unterschiedlichen Spitzen zur Auswahl. Sie können verschiedene ausprobieren, um herauszufinden, welche Ihren Zwecken am besten entspricht.*
- *Füller – genau so handlich zu transportieren wie ein Kugelschreiber oder Filzstift (Sie sollten jedoch darauf achten, daß er während des Transports nicht ausläuft). Er erlaubt feine und variable Striche, die Sie durch einen leichten Druck oder eine bestimmte Neigung beeinflussen können.*

Skizzen, ob auf losem Papier oder in einem Skizzenbuch, können als persönliche, visuelle Notizen betrachtet werden. Darum müssen Sie keine aufwendigen Bilder anfertigen, sowenig Sie Ihre Zeichnung irgend jemandem erklären müssen. Tatsächlich sind viele Zeichnungen nur dem Zeichner zugänglich; er verfügt über das visuelle Gedächtnis, um die Zeichnung zu ergänzen. Oft stehen da einige wenige Linien oder Punkte für ganze Bilder und Szenen. Jeder hat

EINSTIEG

Visuelle Stenographie

Elisabeth Harden
Bleistift und Wasserfarben
29,2 x 20,3 cm

Bei dieser Zeichnung (rechts), eine der vielen Arbeitszeichnungen für einen Lithographiedruck, sind die eigentlichen Gegenstände des Stillebens unwichtig. Diese Version ist ein schnell angefertigter Farbversuch, um das Spektrum der Farbtöne und Schattierungen sowie die Lichteffekte im ganzen Bild herauszubringen. Die Arbeitszeichnungen können sich visuell sehr von dem endgültigen Bild unterscheiden.

seine eigene visuelle stenographische Sprache, die er unterwegs oder unter Zeitdruck beim Skizzieren verwendet. Sie brauchen nur jene Elemente einer Szene festhalten, die ausreichen, um darauf zu einem späteren Zeitpunkt die Ausarbeitung anzulegen. Diese Art von Skizzen dient nur als Gedankenstütze, so als ob Sie von einem wichtigen Gespräch nur Schlüsselwörter notieren.

Mit Hilfe visueller Stenographie können Sie statt des Gesehenen auch Vorstellungen von einer künftigen Komposition oder zufällige Effekte, die in irgendeiner Arbeit einfließen können, aufzeichnen. Skizzen, die in der Planungsphase eines Druckes oder eines Gemäldes erstellt werden, können unter Umständen auch Lösungen bieten, wie man bestimmte visuelle Effekte technisch umsetzt.

Stan Smith
Bleistift
26,7 x 36,8 cm

Es ist klar, was diese Skizze darstellt, ohne daß versucht wurde, detailliert zu arbeiten (oben). Die einfache, geometrische Form des Fensters, bei dem die Linien nicht gerade und nicht vollständig ausgeführt sind, steht im Einklang mit den grobgezeichneten Figuren.

Daphne Casdagli
Bleistift
27,9 x 18,4 cm

Skizzen von sich bewegenden Objekten wirken in der Regel abstrakt (ganz oben), aber es ist sehr wichtig, daß Sie sich nicht selbst behindern, nur weil Sie ein erkennbares Bild schaffen wollen. Diese Art Skizzen entwickelt die Koordination zwischen Auge und Hand.

Projekt 7

Die Interpretation des Gesehenen

OPTISCHE ASPEKTE, DIE MAN SICH MERKEN SOLLTE

- *Der Kontrast zwischen Linie und Fläche – z. B. bei Bäumen die Schwere des Blattwerks gegen die lineare Struktur der Zweige; bei den Gebäuden die ebenen Flächen von Wänden und Dächern im Kontrast zu den detaillierten Strukturen der Oberflächen. Skizzieren Sie rasch, dem Motiv angemessen.*
- *Richtung und Bewegung – die grundsätzlichen Rhythmen und Muster des Bildes. Bei einer Straßenszene etwa gibt es horizontale und vertikale Betonungen der Straße und der Häuser, aber auch eine Anzahl geschäftiger Menschen. Ihre Skizze würde zu abstrakt, wenn Sie die Situation außer Acht ließen.*
- *Tonale Werte – eine einfache Unterbrechung des Licht- oder des Schattenmusters kann einen Eindruck von Raum und Fülle erwecken; das Fehlen von Details kann sogar die Atmosphäre verstärken. Suchen Sie nach deutlichen Silhouetten, tiefen Schatten und starken Kontrasten, nach variationsreichen Oberflächen und Strukturen.*
- *Farben – wenn Sie keine Zeit haben, sich auf Details zu konzentrieren, machen Sie sich Notizen zu Farben, Mustern und Struktur. Verschwenden Sie keine Zeit, um die Formen akkurat darzustellen – dafür haben Sie später noch Zeit.*

Paul Hogarth
Bleistift
24,1 x 36,8 cm

Viele Skizzen kombinieren die Aufzeichnung des Gesehenen mit Überlegungen, wie es interpretiert werden kann. Diese Skizze (rechts) beinhaltet schriftliche Notizen über Farben, Formen und Lichteffekte, sowie eine Grundidee der Szene. Die Proportionen der einzelnen Elemente stimmen nicht überein und sind teilweise überlappend gezeichnet. Für den Künstler bietet die Skizze trotzdem schlüssige Hinweise für seine Ideen.

Einer der wichtigsten praktischen Aspekte des Skizzierens ist, daß Sie sich bewußt werden, was Sie in der Ihnen zur Verfügung stehenden Zeit erreichen können. Wenn Sie im Urlaub sind oder einen Tag auf dem Lande oder am Strand verbringen, haben Sie vielleicht die Zeit, sich in Ruhe an ein Thema heranzuwagen und verschiedene Techniken und Medien auszuprobieren. Skizzieren ist jedoch häufig dann am erfolgreichsten, wenn sich eine zufällige Situation ergibt.

John Elliot
Filzstift
20,3 x 25,4 cm

Diese Skizze wurde aus einem fahrenden Wagen heraus gemacht. Daher hatte der Künstler nur Zeit, Umrisse zu zeichnen. Diese spontane Chance zum Zeichnen steht im Gegensatz zum Motiv, das hier sogar die Atmosphäre von Ruhe vermittelt.

EINSTIEG

Zeitgefühl

Projekt 8

Die richtige Vorgehensweise festlegen

Hier wäre es nicht angebracht, detaillierte Zeichnungen anzufertigen, weil man damit rechnen muß, alle paar Minuten unterbrochen zu werden. Es ist auch für Ihr Selbstbewußtsein nicht förderlich, direkt zu Anfang eine realistische Zeichnung anfertigen zu wollen. Wenn Sie an Ihrer Technik und Ihren Fähigkeiten zweifeln, liegt es wahrscheinlich daran, daß Sie nicht genügend Zeit hatten, das zu erreichen, was Sie wollten.

Zeitgefühl hilft auch, an ein Motiv heranzugehen und es aufs Papier zu bringen. Auch wenn Sie viel Zeit haben, sich einem Motiv zu widmen, müssen Sie nicht mit einer umfassenden, detaillierten Zeichnung beginnen. Schnelle und kleine Skizzen sind sehr wichtig, um ein Motiv kennenzulernen – aus verschiedenen Blickwinkeln, anhand unterschiedlicher Charakteristiken; durch wechselnde Arrangements der Komposition; durch alternative Linienführungen und Farbexperimente.

Halten Sie an Ihrem intuitiven Ansatz für die Skizze fest, gleichgültig, ob Sie die Szene in einem Wurf oder in vielen Schritten festhalten wollen. Auch sollten Sie sich selbst herausfordern und einmal die Methode anwenden, die Ihnen nicht liegt.

John Lidzey
Bleistift und Wasserfarben
22,9 x 30,5 cm

Eine detaillierte Farbstudie wie diese nimmt selbstverständlich viel Zeit in Anspruch. Außer der Zeit, um die Zeichnung anzufertigen, die Farben abzustimmen und die Details anzubringen, benötigt man auch Zeit, um die Farben trocknen zu lassen, so daß hellere Farbtöne und feine Pinselstriche deutlich bleiben. Je mehr Details Sie dem Bild hinzufügen, desto genauer müssen Sie die Skizze planen. Das bedeutet, Sie können nicht übereilt arbeiten.

Daphne Casdagli
Wasserfarben und Stift
18,4 x 14 cm

Diese Farbskizze vereint eine Reihe von Farbdetails, Farbtönen, Mustern und Strukturen. Es gibt jedoch Hinweise darauf, daß diese Skizze in Eile angefertigt wurde. Die Künstlerin hat sich auf die Personengruppe konzentriert und den Hintergrund nur als flüchtigen Eindruck gestaltet. Die Personen, stufenweise mit Farbe und Tinte aufgebaut, wurden eher gefühlvoll als realistisch gemalt.

ZEITÜBUNGEN

- *Suchen Sie sich einen einfachen Gegenstand aus und schenken ihm 15 Minuten lang Ihre volle Aufmerksamkeit. Auch wenn Sie bloß die Umrisse eines Apfels zeichnen, konzentrieren Sie sich darauf, die Konturen richtig zu erfassen, und prüfen Sie, ob Ihre Strichführung ausdrucksvoll ist. In 15 Minuten könnten Sie auch eine effektive Farbstudie machen (siehe S. 40–43).*
- *Gehen Sie an einen belebten Ort und machen Sie eine Reihe von schnellen Skizzen. Versuchen Sie, in jeder Skizze etwas Wesentliches einzufangen. Geben Sie sich bis zu drei Minuten pro Skizze, ohne Ihre Technik zu komplizieren. Benutzen Sie einfach einen Bleistift, Kugelschreiber oder Filzstift und ein kleines Skizzenbuch.*
- *Zeichnen Sie denselben Gegenstand eine Woche lang jeden Tag. Entscheiden Sie auch, ob Sie sich jeweils mehr oder weniger Zeit als am Tag zuvor geben wollen – das Skizzieren wird Ihnen umso rascher von der Hand gehen, je vertrauter Sie mit dem Motiv werden. (Stilleben und Selbstporträts eignen sich sehr gut für diese Übung).*

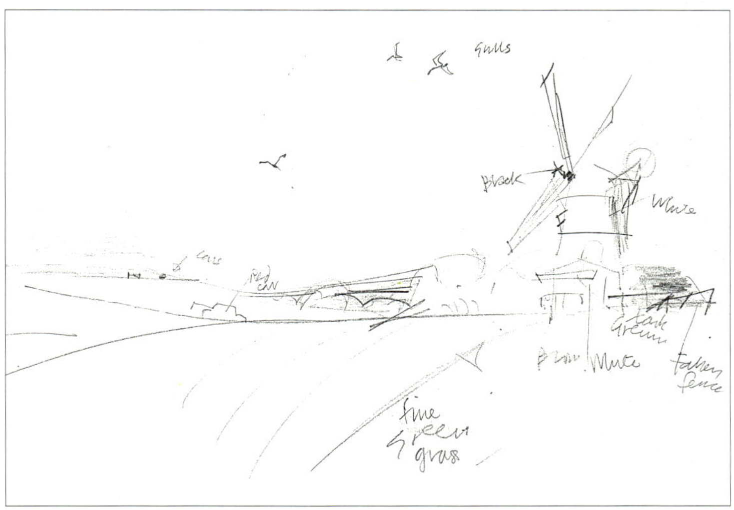

Stan Smith
Bleistift
21 x 28,8 cm

Wie bei der Skizze mit den zwei Männern im Boot auf der anderen Seite, ist diese kurze Notiz einer Landschaft nur mit wenigen, wichtigen Strichen erfaßt. Es ist offensichtlich, daß sich die Szene in der Erinnerung des Künstlers festgesetzt hat. Die geschriebenen Notizen zur Farbgestaltung lassen vermuten, daß er auf dieses Motiv zurückkommen wird.

Unterschiedliche Stifte und Tinten geben Ihnen sehr viele Möglichkeiten, Skizziertechniken zu erforschen und Bilder zu erstellen. Füller und Feder bieten, auch wenn sie verschmieren können, eine Reihe subtiler Qualitäten in Strichführung und Ton.

Schreib- bzw. Zeichenfedern gibt es in großer Auswahl, die es Ihnen ermöglicht, unterschiedliche Striche und Strukturen zu zeichnen.

Einsatz von Feder und Füller

Die Strich- und Ausmaltechnik

Projekt 9

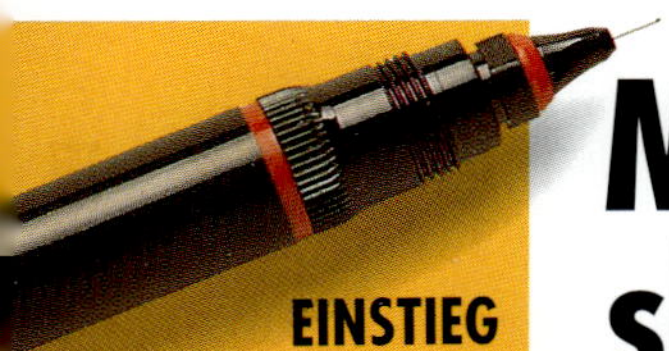

EINSTIEG

Mit Tinte skizzieren

Sie können sowohl wasserfeste als auch auf Wasser basierende schwarze oder andersfarbige Tinte benutzen. Eine effektive und traditionelle Skizziertechnik ist das Ausmalen von Zeichnungen. Hierfür brauchen Sie Pinsel, Wasserbehälter und Stifte. Zum Ausmalen können Sie verdünnte Tinte oder Wasserfarben nehmen. Das gibt Ihnen ein breites Spektrum an Farben und Farbtönen an die Hand, bedeutet aber, daß Sie, wenn Sie im Freien arbeiten, Ihre Stifte, Pinsel, Tintenfässer, Wasserfarben, eine kleine Palette und Wasser mitnehmen müssen.

Mit Füllertinte können Sie unmittelbar zeichnen und ausmalen, da sie wasserlöslich ist. Wenn Sie einen Fleck mit Tinte machen, können Sie Ihre Fingerspitze anfeuchten und ihn verwischen, so daß Sie einen helleren Ton erhalten. Schreibtinte kann, wenn sie mit Wasser verdünnt wird, zu überraschenden Wirkungen führen, zum Beispiel trennt sich schwarze Schreibtinte in weichere Braun- und Blautöne.

Tuschen eignen sich hervorragend zum Zeichnen. Ihr Nachteil liegt in der Präzision und Konsistenz der Linien. Sie eignen sich zwar sehr gut für graphische Details, für die sie auch gedacht sind, engen aber den Künstler beim Skizzieren ein.

Judy Martin
Tusche
47 x 35,6 cm

Bei dieser Zeichnung (rechts) sind die unterschiedlichen Farbtöne unverdünnter und verdünnter Tusche mit Feder und Pinsel aufgetragen. Die Tuschen sind nicht leicht zu transportieren, eignen sich jedoch ideal für die Arbeit im Studio. Hier eine Gartenansicht aus einem Fenster heraus. Die Skizze konzentriert sich auf Farbtöne und Strukturen, wie die Blumen vor dem im Schatten stehenden Blattwerk.

Kate Gwynn
Stift und Tinte
35 x 42 cm

Die einfache Umrißzeichnung einer posierenden Figur (unten) kann einen massiven, ja sogar monumentalen Charakter haben, wenn die Strichführung die Masse und das Volumen des Körpers einfühlsam wiedergibt. Genau das geschieht in dieser Zeichnung. Sie erhält ihre visuelle Qualität durch die Oberfläche des Papiers und die Ausbreitung der Tinte, durch die die Striche weich und gewichtig wirken.

John Elliot
Wiederauffüllbarer Skizzenstift
25,4 x 20,3 cm

Die Feinheit der Linien hat auf dieser Skizze die angewandte Methode nicht behindert (unten). Durch eine Anzahl kraftvoll gekritzelter und schraffierter Striche entsteht eine bemerkenswert genaue Abbildung. Ein Muster aus schraffierten, vertikalen und horizontalen Linien bildet die Holzhütte, die zu den fließenden, unregelmäßigen Strukturen der Bäume in Kontrast steht. Die Zeichnung hat ein detailliertes Gefühl für den Raum.

Ray Evans
Tinte und Wasserfarben
15,2 x 20,3 cm

Die Möglichkeiten des Zeichnens und Ausmalens sind hier hervorragend umgesetzt worden (oben). Eine Zeichnung mit starker Strichführung, die voller Details und Strukturen ist, unterstützt die Ausmalung.

John Lidzey
Tintenstriche und Ausmalung
22,9 x 15,2 cm

Die Wirkung der Farbtöne von Linien und Ausmalung wird hier von einer sanften Farbausrichtung unterstützt. Die Strukturlinien sind schwarz und mit brauner und blauer Farbe übermalt, so daß ein Kontrast zwischen den warmen und kalten Farben entsteht, der dem Schatten Tiefe gibt.

STRICH- UND AUSMALTECHNIK

- *Tonale Studien – um die gewünschte Tiefe und Konsistenz der Tinte zu erhalten, können Sie bestimmte Teile immer wieder übermalen und zwischendurch trocknen lassen. Tonale Varianten schaffen Sie auch durch unterschiedliche Verdünnungen und Beimischung von Farbe.*
- *Farbstudien – es kann sehr attraktiv sein, einen frischen Tintenstrich mit Farben zu verwischen. Lassen Sie die Tintenstriche trocknen, bevor Sie die Oberfläche des Papiers anfeuchten. Wasserfeste Tinte wird auch beim Anfeuchten nicht ihre klaren Konturen verlieren. Eine wasserlösliche Tinte wird in die aufgetragene Farbe einlaufen, und die Konturen werden leicht verschwimmen. So entsteht ein neuer Farbton.*

Projekt 10

Selbstvertrauen erlangen

EINSTIEG

Auge und Hand lockern

Einige der zauberhaftesten Skizzen sind ganz frei gezeichnet, mit nur wenigen Strichen oder einem Netzwerk von Kritzeln. Die bloße Absicht, frei zu skizzieren, führt allerdings noch nicht dazu, den Blick tatendurstig umherschweifen zu lassen oder die Hand ganz ungezwungen über das Papier zu führen. Wenn Sie eine Zeichnung beginnen, besonders wenn Sie ein noch unerfahrener Künstler sind oder Ihnen das nötige Vertrauen in Ihre Technik fehlt, entsteht manchmal dieses Gefühl von „Ich will es richtig machen". Sollten Sie feststellen, daß Ihre Ambitionen und Erwartungen die Qualität Ihrer Arbeit übersteigen, dann könnte es sein, daß Ihre Technik und Vorgehensweise etwas lockerer werden muß. Vergessen Sie für den Moment also, daß Sie Details festhalten oder „fertige" Skizzen produzieren wollen. Nehmen Sie sich ein Projekt vor, das Ihren bisherigen Vorstellungen vom Skizzieren widerspricht. Behandeln Sie die technischen Fertigkeiten mit etwas weniger Respekt. Nehmen Sie einen Blei- oder Filzstift zur Hand und lassen Sie sich auf eine Übung ein, die vielleicht außerhalb Ihres üblichen Handelns liegt. Sie werden überrascht sein, wieviel Spaß das machen kann und wie beeindruckend die Ergebnisse ausfallen können.

MATERIALIEN

Benutzen Sie ein einfaches Medium, um deutliche Markierungen auf das Papier zu bringen: einen weichen Bleistift (3B – 6B) oder Graphit, einen Filzstift oder Zeichenkohle, Wachsmalkreide oder Pastellkreide.

Arbeiten Sie auf einem Papier, das groß genug ist, um Sie in Ihren Armbewegungen nicht einzuschränken. Vermeiden Sie verkrampfte Bewegungen des Handgelenks und der Finger.

Daphne Casdagli
Kreide
19,7 x 12,7 cm

Die hellen Töne und rauhen Formen der farbigen Kreiden begünstigen einen freien und einfachen Zugang zum Zeichnen. Die körnige Struktur des Materials eignet sich sowohl für das Zeichnen von Linien als auch zum Kolorieren. Mit gelber Kreide wurde in dieser Zeichnung ein lebhafter Effekt von Licht und Wärme eingefangen.

Paul Hogarth
Bleistift
24,1 x 36,8 cm

Diese rasch skizzierte Architekturstudie zeigt eine sehr expressive Ansicht des Bildgegenstandes, obschon kaum Details enthalten sind. Die nervösen, fließenden Linien auf der linken Bildseite haben unterschiedliche Stärken, wodurch dem Gebäude auf effektvolle Weise Perspektive gegeben wird. Die umstehenden Bäume sind nur mit einigen Strichen auf das Papier geworfen, jedoch ist die gesamte Szene vor dem inneren Auge ausgearbeitet.

Daphne Casdagli
Wasserfarbe
10,8 x 14 cm

Das Malen mit Wasserfarbe wird häufig mit schwierigen Techniken verbunden. In dieser Skizze jedoch demonstrieren die kräftigen Farben und das ungehemmte Arbeiten mit dem Pinsel, daß dieses Material auch ganz andere Stimmungen erzeugen kann.

Stan Smith
Kugelschreiber
21 x 14,6 cm

Der ungewöhnliche Lichteffekt zeigt einen ungewohnten Umgang mit Volumen und Bewegung. Die Umrisse der Figuren sind locker skizziert, die Muster, die sich aus dem Schatten der Jalousie ergeben, unterstreichen ihre Konturen und Handlungen.

IDEEN FÜR EINEN UNGEHEMMTEN ANFANG

- *Wählen Sie ein leicht verfügbares Motiv, ein Möbel, eine Vase mit Blumen, ein einfaches Stilleben, ein Selbstporträt, und zeichnen Sie die Linien zügig, ohne den Stift vom Papier zu nehmen. Machen Sie alle nötigen Markierungen und Umrisse. Lassen Sie Ihr Zeichenwerkzeug frei hin- und herfahren.*
- *Wählen Sie einen Gegenstand und schauen ihn sich einige Minuten lang an. Schließen Sie Ihre Augen, und verwenden Sie wiederum einige Minuten darauf, ihn aus dem Gedächnis zu zeichnen. Führen Sie Ihre Hand dabei nur nach Ihrem inneren Bild. Widerstehen Sie der Versuchung, sich das Objekt nochmal anzusehen.*
- *Skizzieren Sie, was auf dem Fernsehbildschirm passiert und halten Sie nur das fest, von dem Sie sicher sind, daß Sie es gesehen haben. Da sich die Bilder so schnell ändern, werden Sie nur mehr oder weniger abstrakte Aufzeichnungen anfertigen können. Arbeiten Sie mindestens 15 Minuten an einem Blatt und stellen Sie ein Geflecht von Markierungen her.*
- *Komponieren Sie ein Stilleben mit Gegenständen, die gut ausgeprägte Umrisse haben – Eßgeschirr etwa, Tassen und Krüge oder ein Ensemble aus Früchten und Gemüsen. Skizzieren Sie die Formen zwischen den Objekten und nicht die Objekte selbst.*

Projekt 11

Entwicklung der Hand-Augen-Koordination

Bewegung ist für einen darstellenden Künstler ein reizvolles wie verblüffendes Element. Wenn Sie eine Bewegung wahrnehmen, ist sie schon vergangen. Skizzieren ist die ideale Technik, um Dinge, die in Bewegung sind, festzuhalten. Denn mit einiger Übung bringen Sie Ihr Gehirn und Ihre Hand dazu, sehr schnell auf das zu reagieren, was Sie sehen. Vielleicht erscheinen Ihnen solche Skizzen unzusammenhängend, es sollte jedoch Ihr Ziel sein, die Essenz der Bewegung so festzuhalten, daß es für Sie Sinn macht.

EINSTIEG

Bewegungen skizzieren

Es ist verlockend, ein sich bewegendes Objekt mittels Kamera „einzufangen", um dann später diese Fotografien als Vorlage für eine Zeichnung zu benutzen. Das macht es zwar leicht, den Bruchteil einer Bewegung, der auf Film festgehalten wurde, zu analysieren. Es offenbart jedoch nichts davon, was vorher oder nachher passierte, oder wie die Bewegung in das Muster eines Ablaufs paßt. Außerdem werden die Informationen reduziert, denn die Linse der Kamera selektiert. Bei einem Foto fehlt vielleicht die Aussagekraft einer Geste, die eine bestimmte Bewegung beschreibt und die Sie ohne Kameralinse sofort erkannt hätten.

Am wichtigsten ist es, die große Wahrnehmungsfähigkeit Ihres Auges instinktiv in Ihre Zeichenhand umzuleiten. Üben Sie spontane Skizzen, mit denen Sie innerhalb von Sekunden etwas festhalten. Versuchen Sie, jede Verzögerung zwischen Sehen und Tun zu vermeiden. Wenn sich Ihr Gehirn zwischen Auge und Hand einschaltet, werden Sie vielleicht Dinge mit einfließen lassen, die eher auf Erwartungen oder Erinnerungen basieren als auf dem, was Sie tatsächlich gesehen haben.

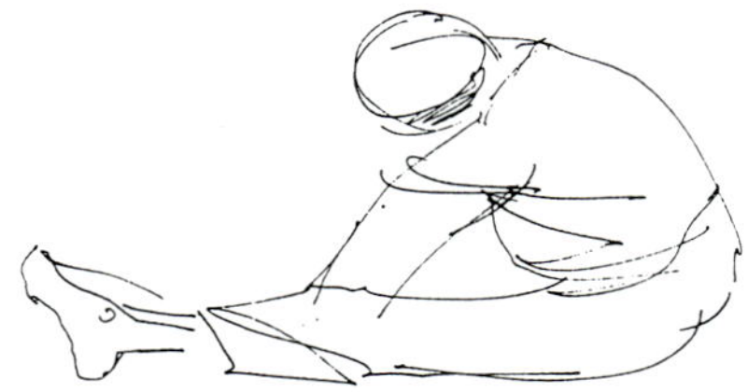

Daphne Casdagli
Bleistift
15,9 x 15,2 cm

Alternativ können Sie die Skizze einer sich bewegenden Figur wiederholt nachzeichnen (rechts). Die Gesten und Haltungen der Gliedmaßen werden hinzugefügt, um einen besonderen Montageeffekt zu erzielen. Der erste Versuch kann entmutigend sein, aber das zügige und freie Arbeiten wird bald Wirkung auf Ihr Werk zeigen.

John Elliot
Auffüllbarer Skizzierstift
34,9 x 28,6 cm

Es ist hilfreich, eine Reihe von groben Skizzen anzufertigen, auf denen Bewegungssequenzen in ganz einfachen Bildern aufgebaut werden. In diesen Zeichnungen lag die Herausforderung darin, die Physiognomie der Kinder und ihrer Bewegungen einzufangen.

Judy Martin
Filzstift
29,9 x 21 cm

Haustiere eignen sich für Bewegungsstudien besonders gut (rechts), weil sie leicht verfügbar und häufig in Bewegung sind. Bei einer Katze, die sich wäscht, sieht man einen sich wiederholenden Bewegungsablauf, der sich effektiv zu Papier bringen läßt. Wegen seiner feinen und fließenden Striche eignet sich ein Filzstift gut für kleine, schnelle Skizzen.

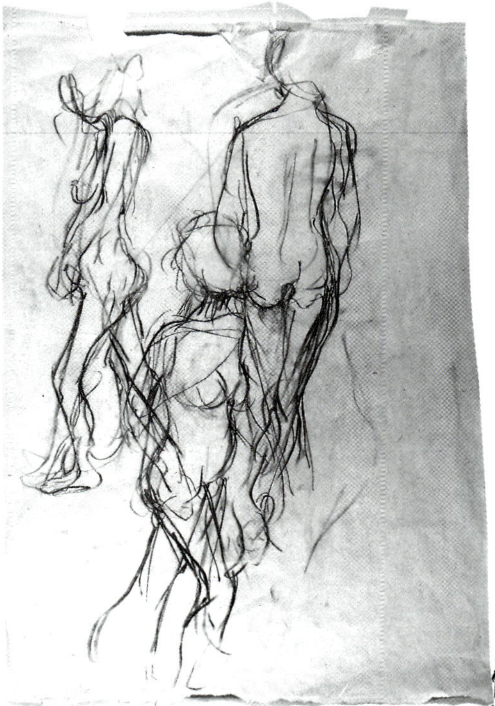

Elisabeth Harden
Bleistift
61 x 42 cm

Diese Skizzen (oben) stammen aus einer Zeichenklasse. Das Modell wurde gebeten, sich im Raum zu bewegen. Die Künstlerin hat ein großes Stück Papier für ihre Arbeit gewählt, um die Freiheit zu haben, den Bewegungen des Modells leicht folgen zu können.

Judy Martin
Bleistift
29,9 x 41,3 cm

An dieser Studie (links) wurde über den Zeitraum von einer Stunde gearbeitet. Das Modell sollte sich während einer kurzen Zeitspanne bewegen und wurde dann gebeten, diese Bewegungen langsam zu wiederholen. Das Ergebnis ist ein komplexer Verbund von Linien.

BEWEGUNGSARTEN

- *Einfache Bewegungen und Gesten – eine Figur in einer relativ stillen Pose, die aber doch Kopf und Glieder bewegt, sich leicht dreht oder sich bereit macht, von einem Stuhl aufzustehen oder wegzugehen.*
- *Alles ist Bewegung – ein gutes Beispiel dafür sind eilige Einkäufer auf der Straße. Jede Person macht individuelle Bewegungen und Gesten. Gleichzeitig bewegt sich die Gesamtheit der Personen.*
- *Bewegungsmuster – Sie finden sie bei Menschen oder Tieren, die besondere Handlungen ausführen. Beobachten Sie zum Beispiel, wie ein Tänzer probt oder sich eine Katze wäscht. Ähnlich mechanische Bewegungen finden sich auch bei Fabrikmaschinen, Straßenbaggern oder Kränen etc.*

Zoo-Studien

Ein Tag im Zoo liefert unbegrenztes Material für das Skizzenbuch eines Künstlers. Vielleicht möchten Sie Studien von mehren unterschiedlichen Tieren anfertigen. Vielleicht konzentrieren Sie sich aber auch lieber auf eine Gattung, die Sie aufgrund ihrer Form, Farbe, Zeichnung oder Bewegung anzieht. Wenn Sie im Freien arbeiten, sollten Sie nur eine beschränkte Auswahl an Materialien verwenden, die leicht zu tragen sind. Später im Atelier können Sie Ihre Skizzen weiterentwickeln und sich einer größeren Bandbreite von Techniken bedienen, um Ihre Tierbilder eingehender und origineller zu interpretieren.

Stan Smith
Öl-Pastell und Tuschfarbe
37,5 x 50,2 cm

In dieser Studie (links) sind verschiedene Aspekte der Körperform und Haltung des Tieres dargestellt. Die Konturen sind mit Ölpastellfarbe gearbeitet, die Gesamtkolorierung ist nur angedeutet.

Stan Smith
Bleistift und Pastell
37,5 x 49,1 cm

Einige Tiere im Zoo bewegen sich lange Zeit nicht, so daß Sie, abgesehen von den Bewegungsstudien, auch „Tierporträts" machen können (oben). In diesem Beispiel hat der Künstler die mächtigen Köpfe der Löwen mit nur wenigen Strichen und Zeichen porträtiert. Die Kolorierung erscheint beinahe willkürlich.

Stan Smith
Öl-Pastell und Tuschfarbe
37,5 x 50,2 cm

Die fließende Anmut eines Tigers in Bewegung ist auf einem großen Bogen Papier adäquat nachempfunden (rechts).

Judy Martin
Tintenstriche und Kolorierung
44,5 x 35,6 cm

Diese Zeichnung (rechts) folgt einem Leoparden im Käfig. Er kann nur wenige Schritte gehen. Aus der Schreibtinte, die für die Linien und das Ausmalen verwendet wurde, kann durch Verdünnen mit Wasser eine Reihe von Blau-Grau-Tönen gewonnen werden.

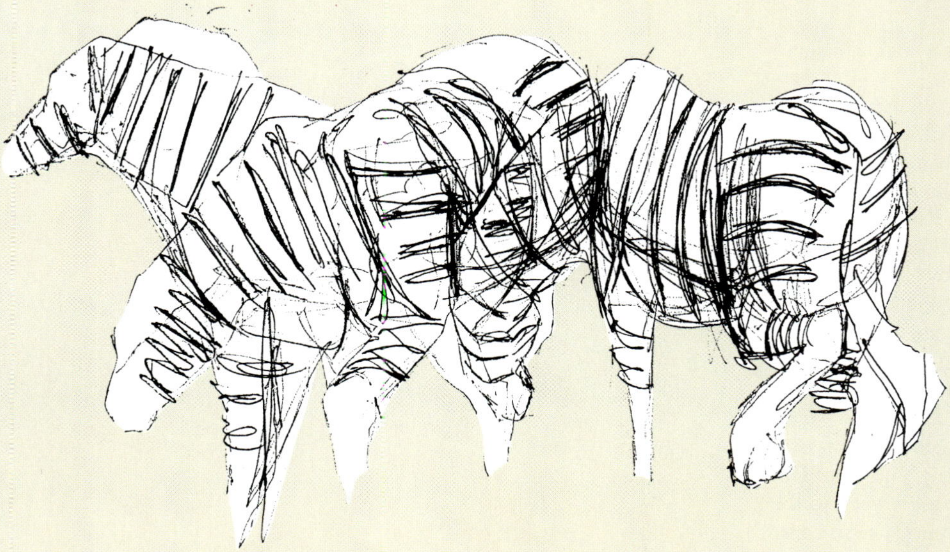

Judy Martin
Kugelschreiber
12,7 x 22,9 cm

Von einer Tierzeichnung (links) geht eine ganz spezielle Faszination aus, von Zebras bis zu Vögeln, von Schlangen bis zu den großen Katzen. Die ungewöhnliche Schwarzweiß-Tarnung der Zebras liefert unendlich viele Ideen für Kompositionen. In dieser Skizze geht es um ineinander greifende Streifen von drei Zebras, die den Kopf zum Trinken gesenkt haben.

Judy Martin
Schwarzes Papier auf weißem
35,6 x 22,9 cm

Diese Collage (rechts) ist das Resultat einer Skizze, die im Zoo angefertigt wurde. Sie entstand am folgenden Tag im Atelier. Die gerissenen Papierstreifen hinterlassen einen deutlichen Eindruck des Streifenmusters und der Tierform.

Projekt 12

Ein markantes Material

EINSTIEG

Kohle und Kreide

Von allen Materialien, die Sie für das Skizzieren benutzen können, sind Kohle und Kreide die, mit denen Sie am freiesten arbeiten können, und die Sie dazu ermutigen werden, bei Ihren Zeichnungen eine lässigere Haltung und Technik zu erlangen. Kohle kann allerdings auch zu einem Ärgernis werden, weil sie so krümelig ist. Sie bricht leicht durch, und eine fertige Kohlezeichnung muß umgehend fixiert werden, damit sie nicht verwischt. Die rauhen Farbtöne und ungleichmäßigen schwarzen Linien sind jedoch unnachahmlich.

Der Begriff „Kreide" kann für Vieles stehen. Es können damit weiche Holzbuntstifte gemeint sein oder die weichen Naturtöne von brauner, roter und schwarzer Pastellkreide, aber auch die lebendigen, spielerischen Farben der Kinderwachsmalstifte. Pastellkreide hat einige Eigenschaften der Kohle, die körnige Struktur etwa und die einfache Handhabung. Da die Farben jedoch öliger in ihrer Konsistenz sind, bleiben sie auf Papier etwas haltbarer. Traditionell wird Pastellkreide für Menschen- und Tierzeichnungen sowie Landschaftsstudien verwendet. Die Brauntöne – Umbra und Rotbraun (Blutrot) – geben einem Bild Wärme, das Schwarz ist kräftig und rein. Um Lichtakzente zu setzen, können Sie auch weiße Kreide verwenden. Interessante Ergebnisse erzielen Sie mit Pastellkreiden auf farbigem Untergrund.

Wachsmalstifte sind eines der direktesten und unkompliziertesten Materialien für farbiges Skizzieren. Die markanten Farben laden Sie ein, Ihre Farbeindrücke ganz unmittelbar aufs Papier zu kritzeln. Das Ergebnis mag häufig ein wenig wie die Skizze eines Kindes aussehen, die mit dem geschulten Auge eines Erwachsenen geplant und ausgeführt wurde. Linien von Wachskreiden haben einen ganz besonderen Charakter. Sie können mit ihnen auch weiche Übergänge sowie interessante Schattierungen aus zart gemischten Tönen schaffen.

John Elliot
Kreide und Pastell
22,9 x 30,5 cm

Landschaften sind ein ideales Motiv für direkte Farbzeichnungen (oben links). Die körnige Struktur der Kreide, zusammen mit klaren und lebhaften Farben, paßt gut zu den vielfältigen Effekten in der Natur. In dieser Zeichnung findet sich ein hervorragender Kontrast zwischen den satten Herbstfarben und den dunkleren Grüntönen.

Kate Gwynn
Rötel
50,8 x 38,1 cm

Hier handelt es sich um eine klassische Körperstudie (links), eine detailreiche Darstellung in brauner Kreide. Bei der Darstellung wurde zwischen klaren Linien und zarten Schattierungen variiert, um Tiefe und Kontur zu erzielen.

Stan Smith
Kohle und Bleistift
37,5 x 27,9 cm

Kohle ist ein Material, das am besten kraftvoll eingesetzt wird, so wie hier (links), um die breiten Streifen auf dem Pullover des Modells zu betonen. Der Künstler hat den Druck auf die Kohle variiert, so daß die Linien heller und dunkler erscheinen.

Daphne Casdagli
Kreide
19,7 x 12,7 cm

Zeichnungen mit Architekturmotiven benötigen häufig eine besondere Präzision. Deshalb stellt diese lebhafte, farbenfrohe Kreideskizze eine gelungene Umkehr dieser Vorstellung dar (rechts).

PRAKTISCHE HINWEISE

- *Bewahren Sie Kohle in einem schlanken Behälter auf, so daß die Stücke nicht umherklappern, wenn Sie sie transportieren. Kohle bricht und zerbröckelt leicht. Zwar kann der Kohlestaub für körnige Schattierungen auf Ihrer Arbeit sorgen, aber Sie werden kaum wollen, daß sich Ihr gesamter Vorrat auflöst, noch bevor Sie ihn benutzt haben.*
- *Sorgen Sie immer für einen ausreichenden Vorrat an Fixierspray. Wenn Sie es beim Skizzieren nicht mitnehmen können, dann fixieren Sie Ihre Zeichnungen umgehend, wenn Sie wieder zu Hause sind.*
- *Wenn Sie Kohle oder Kreide unterwegs oder draußen benutzen, sollten Sie immer einen Lappen oder Reinigungstücher dabei haben, damit Sie sich die Finger abwischen können. Staub und Flecken können nicht vollständig vermieden werden, aber man sollte das Risiko von Fingerabdrücken so weit wie möglich reduzieren. Bei farbigen Arbeiten ist das besonders wichtig, denn die Farben erscheinen schmutzig, wenn sie mit der Hand verrieben werden.*

Stan Smith
Kohle
41,3 x 29,2 cm

Mit Kohle ist es nicht leicht, schwere Töne zu erzielen. Sie bietet aber für Schattierungen eine einzigartige Tiefe und Sattheit. Ein Problem kann sein, die weißen Flächen von losem Kohlestaub frei zu halten. Lichteffekte macht man mit Radiergummi, bevor die Zeichnung fixiert wird. Mit dieser Methode arbeiten Sie also von hell nach dunkel, ehe Sie die Glanzlichter setzen.

Projekt 13

Aus dem Farbgedächtnis arbeiten

Mit Farbe experimentieren

Von den unterschiedlichsten Merkmalen eines Motivs ist Farbe sicher dasjenige, das Sie am ehesten zu einer Skizze verleitet. Das Skizzieren ist eine Tätigkeit, die sehr von der Situation abhängt. Gerade dann, wenn Sie etwas sehen, das Sie gerne in Farbe festhalten würden, haben Sie vielleicht nicht das richtige Material bei sich. Darum sollten Sie lernen, ein Auge für Farben und ein visuelles Gedächtnis zu entwickeln, so daß Sie zunächst nur einige Notizen anfertigen,

EINSTIEG

Farb-Skizzen

die Sie dann später mit Farben umsetzen. Die Skizzenbücher von Künstlern sind oftmals voll von Bemerkungen zu einzelnen Farben, Farbkombinationen und Lichteffekten. Besonders wenn Sie zeichnen oder monochrom malen, können solche Notizen Ihnen helfen, einen viel umfassenderen Eindruck Ihres Motivs festzuhalten, als wenn Sie nur eine begrenzte Anzahl von Buntstiften oder einen kleinen Aquarellkasten zur Verfügung gehabt hätten.

Selbst wenn Sie draußen das Farbmaterial dabei haben, fehlt es Ihnen vielleicht an Zeit oder Gelegenheit, ein Bild im Detail zu entwickeln. In einem solchen Fall versuchen Sie, sich auf das Wesentliche bei der Farbgebung zu konzentrieren und es so knapp und effektiv wie möglich festzuhalten. Suchen Sie z.B. in einer überwiegend grünen Landschaft nach dem zufälligen Kontrast, der den Gesamteindruck belebt; wenn Sie Menschen, eine Straßenszene oder eine Veranstaltung im Freien skizzieren, suchen Sie nach den Schlüsselfarben; wenn Sie an einem Stilleben oder einer Naturstudie arbeiten, versuchen Sie, deren Farbkombinationen zu identifizieren.

Judy Martin
Kreide (oben, Mitte und unten)
Unterschiedliche Maße

Diese schnellen Kreideskizzen stammen aus einer Serie von Skizzen, die die Farbstimmungen einer Landschaft untersuchen sollen, ohne zuviel Aufmerksamkeit an Formen und Details zu verschwenden. Die unterschiedlichen Elemente jeder Ansicht werden als Flächen, Linien oder unregelmäßige Zeichen dargestellt. Mit der Kreide wurde vorsichtig schraffiert, und es wurden mehrere Schichten übereinandergelegt, um Farbmischungen zu erhalten.

Judy Martin
Bleistift
39,4 x 57,2 cm (Vorlage)
Gouache 34,3 x 52,7 cm

Eine schnelle Bleistiftskizze, die im Freien angefertigt wurde, mit geschriebenen Notizen zu den Farben, so daß die Künstlerin später in ihrem Atelier in der Lage ist, dasselbe Motiv in einer Gouache-Skizze darzustellen. Beide Bilder dienten als Arbeitszeichnungen, die dann später die Grundlage für weitere Bilder waren, darunter auch eine größere Version auf Leinwand.

Elisabeth Harden
Wasserfarbe
24,1 x 20,3 cm

Hier handelt es sich um eine von mehreren Skizzen, die Marktszenen darstellen (unten). Die lockere Technik demonstriert, daß die Künstlerin aufgrund der Unterbrechungen an diesem hektischen Ort zügig arbeiten mußte. Dieses Bild zeigt die Farbvariationen bei der Ware an einem Fleischstand – satte, schwere und gedämpfte Töne.

MATERIALIEN FÜR DAS ARBEITEN MIT FARBE

- *Bleistifte und Füller – bei einfarbigen Stiften machen Sie sich schriftliche Notizen zu den Farbeffekten.*
- *Buntstifte – sind praktisch für das Skizzieren, da sie leicht zu tragen und problemlos zu handhaben sind, aber vielleicht möchten Sie keine große Kollektion mit sich herumtragen.*
- *Kreiden – farbige Wachsmalkreiden werden ähnlich wie Buntstifte benutzt, ihre Striche sind aber weicher und weniger exakt, aufgrund der breiten Spitzen.*
- *Pastellstifte – der Nachteil der weichen Pastellstifte für das Skizzieren im Freien besteht darin, daß sie leicht brechen und einen farbigen Staub hinterlassen, der das Zeichnen zu einer umständlichen Prozedur werden läßt. Außerdem läßt sich das Bild verwischen, solange keine Fixierung aufgesprayt ist.*
- *Wasserfarben – diese frischen, durchsichtigen Farben sind ideal, um Farbeindrücke schnell festzuhalten.*
- *Filzstifte – haben meistens sehr kräftige Farben und sind für Motive mit weichen Farbnuancen nicht geeignet. Sie ermutigen aber zu einem lockeren, kräftigen Skizzierstil.*

Projekt 14

Pastell und Wasserfarben verwenden

Bewußtsein für Farben entwickeln

EINSTIEG

Farbstudien

Farbstudien lassen sich zwischen einer Skizze und einem Gemälde ansiedeln. Wenn Sie die nötige Zeit und Konzentration haben, eine Skizze umfassend weiterzuentwickeln, dann wird Farbe wahrscheinlich dasjenige Element sein, auf das Sie sich in besonderem Maß konzentrieren werden. Die hier gezeigten Beispiele demonstrieren, daß man aus Farbstudien von Innen- oder Außenmotiven, von einfachen oder komplexen Bildern, großen Nutzen ziehen kann. Für solche Arbeiten ist flüssige Farbe besser geeignet als Buntstifte, Kreide oder Tintenstifte. Sie können sie gut mischen und übereinander auftragen, um Ihrer Arbeit die nötige Raffinesse und Interpretationsvielfalt zu geben. Weiche Pastellfarben bieten sich besonders für Körperstudien, Innenräume und Stilleben an. Um eine wirklich brauchbare Palette unterschiedlicher Pastelltöne zu erhalten, braucht man eine ganze Menge Farben. Eine fertige Skizze in Pastell kann bemerkenswert lebendig und eindrucksvoll sein (siehe S. 59 und S. 88).

Wasserfarben sind traditionell gerade für die Arbeit im Freien die passendsten Farben. Sie sind den Gouache-Farben vorzuziehen, weil sie transparent sind. Wenn sie gemischt werden, verlieren sie nicht so leicht ihren Farbwert. Man kann sie direkt auf dem Papier übermalen, wobei sie Schicht für Schicht mehr Kraft und Farbausdruck aufbauen. Die deckenden Gouache-Farben dagegen müssen zuerst auf einer Palette gemischt werden, damit man genau den richtigen Farbeffekt trifft. Manchmal werden Sie eine sogenannte Deckfarbe brauchen, um ganz bestimmte Nuancen, wie starke Glanzlichter einzuarbeiten. Die meisten Wasserfarbkästen beinhalten eine Tube Deckweiß.

Stan Smith
Wasserfarbe
19,1 x 20,3 cm

Gummi Arabicum, gemischt mit durchsichtiger Wasserfarbe, verstärkt die Resonanz und Tiefe dieses Stillebens (rechts). Mit Deckweiß wurden helle Akzente gesetzt. Den echten Farben und den genauen Qualitäten der Töne und der Struktur wurde besonders viel Aufmerksamkeit geschenkt.

John Lidzey
Bleistift und Wasserfarbe
22,9 x 30,5 cm

Die in dieser Skizze vorherrschende Farbqualität entsteht durch die Kombination dumpfer Farben. Die Grau-, Blau- und Fliedertöne, die bei der Darstellung der Kirche verwendet wurden, werden kontrastiert durch das warme Rot, Braun und Gelb der Bäume.

TECHNIKEN

FARBDETAILS STUDIEREN

Vergessen Sie nicht, daß Sie bei Wasserfarben aus einem einmal aufgetragenen dunkleren Ton nie wieder einen helleren machen können. Lassen Sie sich darum Zeit, das Motiv genauer zu studieren, bevor Sie mit der Arbeit beginnen und legen Sie die Reihenfolge der Farben vorher fest. Lassen Sie aber auch Spontaneität zu, um einen bestimmten Farbeffekt in dem Moment, in dem Sie ihn entdecken, einzuarbeiten. Hilfreich kann folgende Methode sein: wählen Sie sich einen Ton aus und tragen Sie ihn überall dort ein, wo er in Ihrem Motiv erscheint. Wählen Sie dann eine andere Farbe und so weiter, bis Sie ein allgemeines Farbmuster stehen haben. Beginnen Sie dann, das Bild aufzubauen, indem Sie die einzelnen Töne in der Beziehung zu den anderen ausbalancieren und kleinere Farbbereiche übermalen, um mehr Raffinesse und Tiefe zu erhalten.

- *Lernen Sie zu unterscheiden zwischen den echten Farben und den variablen Farbeinflüssen, die das Resultat von Licht sein können oder auf Reflexionen anderer Gegenstände zurückgehen.*
- *Suchen Sie bei Ihrem Motiv überall nach Farbe. Selbst in den Schatten, die eigentlich nur schwarz aussehen, können Sie vielleicht etwas Blau oder Lila entdecken, das dann erst die nötige Tiefe und den umliegenden Farben mehr Kontrast gibt.*

Ray Evans
Wasserfarbe
Maße unbekannt

Die schichtweise aufgetragenen Farben in dieser Wasserfcrbstudie (rechts) betcnen das vertikale Format der Komposition. Im Vordergrund dominieren Blautöne, die aber den Erd- und Ockertönen Platz machen, um dann am Himmel wieder aufzutauchen.

Ein Beispiel 1

1 **2**

Ein einfaches Stilleben, das den Charakter des Raumes darstellen soll, wird unter dem Fenster aufgebaut (links). Aus dem Blickwinkel des Künstlers (rechts) fällt das Licht schräg auf die Gegenstände.

In der Küche

Diese Studien einer traditionellen Küche von John Lidzey beschäftigen sich sowohl mit dem Charakter und der Ausstattung des Raums, als auch mit den Lichtqualitäten. Daher ist ein Hauptaugenmerk auf die Fenster gerichtet und den Kontrast zwischen Außen- und Innenlicht. Eine Reihe von Stilleben thematisiert das Spiel des Lichts. Für John Lidzey bedeutet das Skizzieren eine Übung, die ihm hilft, seine Technik zu öffnen und seine frische Vorgehensweise beizubehalten. An der Skizze schätzt er, daß sie ihm Freiheit läßt und keine penible Genauigkeit verlangt, sondern den Spielraum läßt, Ideen zu entwickeln.

Die fertige Skizze zeigt das Bemühen des Künstlers, den Farbtönen Gewicht zu verleihen, um Tiefe und eine stabile Struktur zu erzeugen. Seine Methode besteht darin, daß er feuchte Farbe großzügig aufträgt und dann mit Watte abtupft, wodurch eine ungleichmäßige Farbgebung und fließende Strukturen entstehen. So wird die Arbeit visuell noch interessanter. Dies unterstreicht die Einstellung des Künstlers, daß die Farbe selbst wichtiger ist als das Motiv. Er setzt sein Material auf jeden Fall erschöpfend ein.

9

Das gesamte Muster von Licht und Schatten wurde zunehmend gesteigert durch das dichte Auftragen von Farbe. Die Technik, bei der die Oberfläche abwechselnd angefeuchtet und abgetupft wird, erzeugt interessante dynamische Strukturen.

10

Da die aufgetragenen Töne sehr ausbalanciert sind, müssen nun auch die Früchte und die Schale sorgfältig ausgearbeitet werden. Dieser Ausschnitt zeigt die feinen Verbindungen zwischen den beleuchteten Bereichen und denjenigen im Schatten.

3

Der erste Schritt besteht aus einer lockeren Bleistiftzeichnung, die die Komposition des Stillebens skizziert.

4

Die Arbeit mit der Farbe beginnt mit einer leichten Kolorierung, bei der die Bereiche der kräftigeren Farben festgelegt werden.

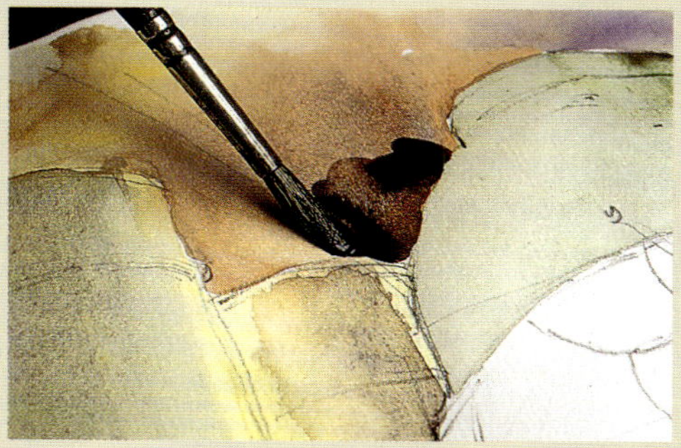

5

Schrittweise trägt der Künstler die Farben auf, wobei er den Bleistiftkonturen grob folgt. Dann beginnt er, weitere Kolorierungen hinzuzufügen, um kräftigere Töne bei den Schatten zu erzielen.

6

Ein Klecks umbrabrauner Farbe, der den Schatten unterhalb der Schale bilden soll, wird mit etwas Watte abgetupft, damit farbliche Abstufungen entstehen.

7

Die gesamte Farbbalance ist jetzt auf dem ganzen Bild festgelegt, und die Lichtqualität, die ein wichtiger Teil des Motivs ist, beginnt deutlich zu werden.

8

Umbrabraun und Ultramarin werden direkt nebeneinander mit einem großen Marderpinsel aufgetragen, so daß die noch feuchten Farben ineinanderfließen können.

Grobe Skizzen können benutzt werden, um die Möglichkeiten unterschiedlicher Kompositionen auszuprobieren.

Die Bilder an der Wand sind interessant, da sie etwas über Stil und Charakter des Raumes aussagen.

Mit einer begrenzten Farbauswahl wurde eine expressive Farbstudie des Fensterbereichs entwickelt.

1

Diese Skizze zeigt eine direkte Frontansicht einer Küchenwand, wo die Spülbecken von einem einzigen Fenster beleuchtet werden. Dies wird der zentrale Punkt der Komposition sein.

4

Die feuchte Farbe wird mit Watte abgetupft, wodurch innerhalb der großen, farbigen Flächen feine Übergänge geschaffen werden. Mit dieser Methode kann der Künstler die Blau- und Brauntöne sanft integrieren und die Farbabstufungen kontrollieren.

2

Die ersten Kolorierungen, die auf die Bleistiftskizze aufgetragen wurden, zeigen grob die Flächen des Mittelbereichs sowie die Nische, die in dunklem Schatten liegt.

3

Der Künstler entwickelt die Farbdetails des unteren Teils der Zeichnung. Dort ist der Schatten am intensivsten. Die Farben werden schrittweise aufgetragen.

5

Das dreidimensionale Layout des Fensterbereichs ist nun durch die verschiedenen Farbtöne dargestellt. Im nächsten Schritt werden die einzelnen Objekte im Detail herausgearbeitet, um dem Bild Balance zu geben.

6

Zu den Wasserfarben fügt der Künstler mit Bleistift Schatten hinzu. Die vertikalen Oberflächen des Spülbeckens werden zu Schatten schraffiert.

Die Details in dieser Skizze wirken eher zufällig gewählt, und die Farbgebung ist bewußt begrenzt, jedoch hat der Künstler diese sparsamen Mittel erfolgreich eingesetzt, um die Lichtqualität, die ihn besonders interessierte, zu zeigen (oben). Die Bedeutung der Lichteffekte wird durch die völlig unterschiedliche Stimmung deutlich, die bei demselben Motiv bei Nacht vorherrscht.

2

Die Mittel erweitern

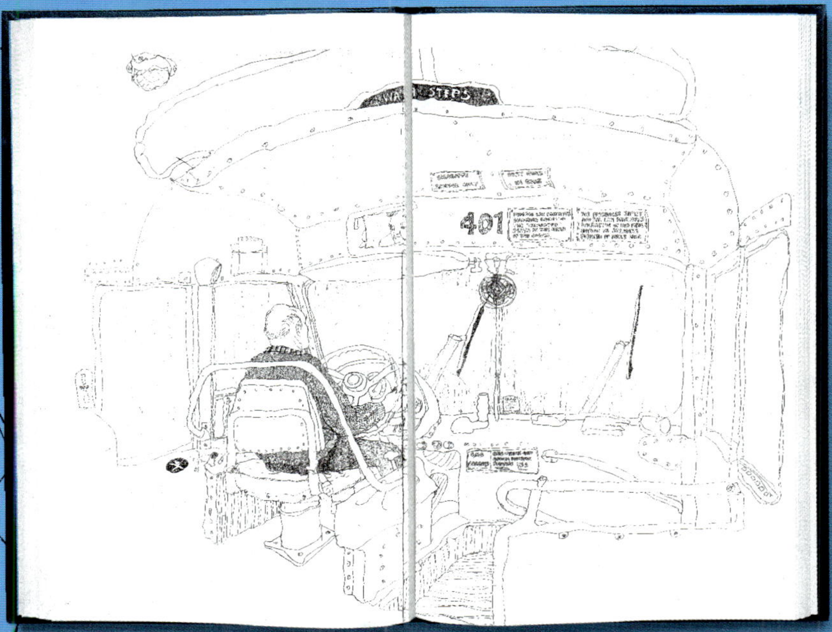

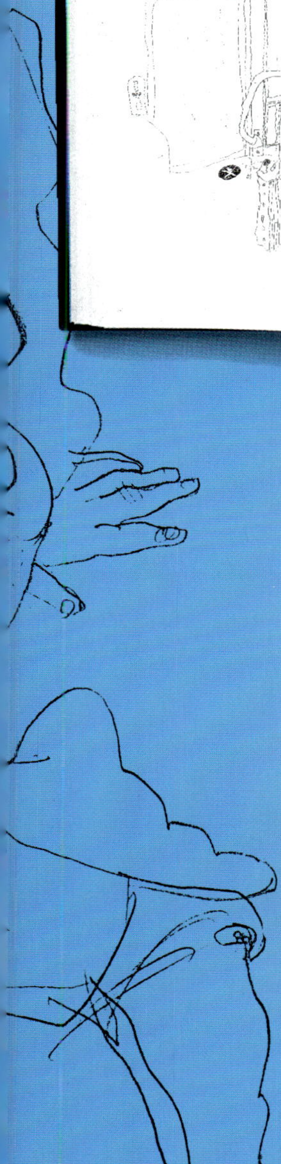

ABSCHNITT ZWEI

Die Mittel erweitern

Wenn Sie bereits unterschiedliche Vorgehensweisen beim Skizzieren ausprobiert haben, mit Materialien, Blickwinkeln und Motiven experimentiert haben und dabei sind, Ihre Fähigkeiten zu erkennen, dann möchten Sie jetzt vielleicht bestimmte interessante visuelle Bereiche oder technische Fertigkeiten zielstrebiger ausbauen. Der Inhalt dieses Kapitels basiert hauptsächlich noch auf der Freiheit der Skizze – arbeiten Sie also, wo Sie wollen und woran Sie wollen. Die einzelnen Themen behandeln alle grundlegenden Formen der zweidimensionalen Interpretation. Dies führt zum folgenden Kapitel, in dem Sie Themen finden, die Sie vielleicht als Motiv für eine Skizze benutzen möchten – wenn alle analytischen und technischen Fertigkeiten, die Sie beim Skizzieren erworben haben, in die Gestaltung komplexerer Bilder geflossen sind, die hoffentlich die Qualitäten spontanen Skizzierens bewahren.

Jeder Studienbereich in diesem Kapitel beschäftigt sich mit einem grundlegenden Prinzip der visuellen Darstellung. Es wird an unterschiedlichen Motiven belegt und in Beispielen interpretiert. Beides hilft Ihnen, sich der formalen Möglichkeiten des gezeigten Bildes sowie besonderer Elemente und deren Darstellungsformen zu vergewissern. Die Informationen sind dazu bestimmt, Vorschläge zu machen und bestimmte Lösungsmöglichkeiten anzubieten: Ihr „Vokabular" als Skizzierer soll zwar erweitert werden, jedoch sollen keine fertigen Projekte oder Lösungen gegeben werden.

John Lidzey
Bleistift und Wasserfarbe
22,9 x 30,5 cm

Es mag schwierig erscheinen, Raum und Größe einer Landschaft zu übertragen, wenn Sie in einem Skizzierbuch arbeiten. Wenn Sie jedoch bei der Festlegung des Formats, dem Arrangement der Komposition sowie der Umsetzung Ihrer Technik aufmerksam arbeiten, können Sie ein Bild von großer Ausdruckskraft schaffen. Kontraste, wie etwa die Reihe hoch aufragender Bäume vor einem offenen Hintergrund, sind eine Möglichkeit, in einer Landschaft Distanzen darzustellen.

TECHNISCHE UND FORMALE FERTIGKEITEN

Eines der Elemente, das schon beim Durchblättern der folgenden Seiten offenkundig ist, ist der gesteigerte Anspruch an Stil und Technik. Zu den Materialien, die in diesem Kapitel im Detail behandelt werden, gehören Pastell- und Wasserfarben, Gouache und Mischtechniken, die Ihnen beim Skizzieren größere Möglichkeiten eröffnen, zu denen Lichteffekte, Muster und Strukturen gehören. Weiterhin werden die Vorzüge eines Skizzenbuches und der Nutzen von farbigem Papier als Unterstützung einer Skizze untersucht. Einige der Arbeiten erfordern Techniken, die nach konventioneller Definition dem Zeichnen und Malen entsprechen und nicht den freieren und leichteren Ansätzen, die man mit dem Skizzieren assoziiert.

In diesem Zusammenhang scheint es auch angebracht, auf eine weitere Funktion des Skizzierens hinzuweisen – auf die Atelierarbeit, bei der der Künstler mehr über Inhalte und Techniken lernen kann und zu der auch die Weiterentwicklung von Bildern durch unterschiedliche Interpretationsstufen gehört. Hier muß nicht unbedingt eine „fertige" Arbeit herauskommen. Jeder Künstler, der über einen längeren Zeitraum konstant Arbeiten anfertigt, wird – zusätzlich zum Skizzenbuch – Unmengen von Blättern und Papierschnipseln produzieren, auf denen kleine Zeichnungen, zusätzliche Studien, grobe Skizzen und unterschiedliche Versionen desselben Themas zu finden sind. Manche von ihnen sind in der Absicht entstanden, ein bestimmtes Thema oder ein einzelnes Bild zu bearbeiten, um es zu einem logischen und zufriedenstellenden Abschluß zu bringen; andere sind lediglich zufällige Notizen oder Technikübungen. Und wieder stößt man auf die Frage nach einer Definition der Skizze: In diesem Fall kann die Antwort ganz einfach lauten, daß sie die Manifestation der Beobachtungen und Gedanken des Künstlers ist und nahezu jede Form annehmen kann. Die hier diskutierten formalen Elemente – Strukturen, Raum und Distanz, Licht und Schatten sowie Komposition – sind das analytische Werkzeug, mit dem der Künstler lernt, wie er dreidimensionale Objekte und Ereignisse mit Hilfe unterschiedlicher Materialien zweidimensional darstellt. Ein Teil des Lernprozesses beim Skizzieren besteht darin, daß man sich fragt, welche Funktion die Skizze hat und ob sie nach Fertigstellung eine brauchbare Informationsquelle sein könnte. Damit gehen Sie über den einfachen Spaß oder das Interesse am Skizzieren um seiner selbst willen hinaus, wenn Sie es in einem breiteren Kontext betrachten. Der Künstler, der Hand und Auge trainiert, damit sie zusammenarbeiten, erlangt das gewünschte Ergebnis.

Elisabeth Harden
Bleistift
29,9 x 38,1 cm

Hierbei handelt es sich um eine von mehreren Skizzen, mit denen ein Lithographiedruck vorbereitet wurde. Der freie Stil wurde bewußt gewählt – die Künstlerin war zu diesem Zeitpunkt mit den Formen des Stillebens vertraut und wollte an dieser Zeichnung eher instinktiv arbeiten, weil sie nach zufälligen Details suchte, die die visuellen Qualitäten der Abschlußarbeit ergänzen könnten.

Der Aufbau einer Skizze zum Beispiel kann manchmal eher zufällig entstehen, aber solch ein zufälliges Bild kann genauso ausdrucksstark sein wie eines, das im Vorfeld durchdacht und vorbereitet wurde. Wenn Sie jedoch Skizzen anfertigen, bei denen es darum geht, die kompositorischen Möglichkeiten zu untersuchen, sollte die Organisation des Motivs und seine Übertragung auf das Papierformat genauso wichtig sein, wie die journalistische oder dekorative Funktion des Bildes. Dafür müssen Sie sich Ihre Absichten klar machen und eine analytische Vorgehensweise betreiben.

LERNPROZESSE

Nur Sie allein können sagen, ob Sie durch die von Ihnen gewählten Skizziermethoden, Motive und Materialien etwas lernen. Die Tatsache allein, daß Sie Skizzen herstellen, die beim schnellen Durchblättern alle irgendwie ähnlich aussehen, bedeutet nicht, daß Sie keine Fortschritte bezüglich des Stils, der Technik und der Beobachtungsgabe gemacht hätten. Nichts ist befriedigender als die Feststellung, daß man plötzlich eine besondere Form, die man immer falsch gezeichnet hat, richtig zu Papier bringt, wie trivial das auch erscheinen mag. Das bedeutet aber, daß Sie drei entscheidende Resultate erzielt haben: Sie haben erkannt, was falsch war, haben daran gearbeitet, wie es richtig sein sollte und sind zu einer technischen Lösung gelangt, die Ihnen eine akkurate Darstellung ermöglicht. Das bedeutet Fortschritt.

Viele Künstler haben ein Lieblingsthema – der menschliche Körper, Tiere, Landschaft –, und sie arbeiten jahrelang an ähnlichen Motiven. Und doch werden sie behaupten, daß das einzelne Motiv immer wieder neu ist, daß sie ständig nach neuen Nuancen suchen und nach Wegen, diese darzustellen, und daß jede neue Pose und jeder neue Ort immer wieder eine neue Herausforderung bedeuten. Ob diese Behauptungen zutreffen, hängt davon ab, inwieweit Sie streng zu sich selbst sein können, wenn es um Beobachtung und Technik geht. Wenn Sie feststellen, daß Sie für bestimmte Aufgaben Lösungen entwickelt haben, und Sie immer wieder auf sie zurückgreifen, weil Sie wissen, daß sie funktionieren, dann könnte es an der Zeit sein, sich etwas Neuem zuzuwenden. Wechseln Sie zum Beispiel Ihre Motive oder Materialien, so daß Sie gezwungen sind, sich von Ihren alten Vorstellungen zu lösen und neue Interpretationsformen zu finden.

Das Skizzieren sollte immer als ein Vergnügen und nicht so sehr als eine Prüfung angesehen werden; es darf nicht trocken oder gar zu einer Pflichtübung werden. Wenn Sie Ihr Motiv nicht mehr interessiert oder die Technik, die Sie gerade ausprobieren, dann zögern Sie nicht, die Arbeit zumindest für den Moment zur Seite zu legen. Skizzieren läßt die Möglichkeit, Fehler zu machen – ein wichtiger Zugang zum Lernen. Sie brauchen jedoch ebenso Erfolge und Anregungen, damit Sie den Wunsch verspüren, weiterzumachen.

Stan Smith
Bleistift
14,6 x 10,2 cm

Es gibt viele Gründe, um Details von Skulpturen oder Gebäuden zu skizzieren – Elemente wie Struktur und Oberfläche etwa, aber auch der kulturelle Hintergrund des Motivs, der Stil oder der historische Kontext.

Daphne Casdagli
Filzstifte
17,8 x 24,1 cm

Eine geschäftige Situation wie eine Orchesterprobe liefert einige feste Bezugspunkte für Ihre Skizzen, obgleich die ganze Zeit über Veränderungen vor sich gehen. Dies stellt eine Herausforderung an Ihre Wahrnehmung und Technik dar. Welches Element soll gewählt werden, wie soll es dargestellt werden, wie weit soll man in ein einzelnes Bild hineingehen? Ein Motiv, das auf den ersten Blick zu viele Informationen enthält, ist ein gutes Training für Ihre Fähigkeiten.

Mark Baxter
Füller und Tinte
14,6 x 20,3 cm

Viele Skizzenbücher enthalten halbfertige (oder halb begonnene) Bilder, die einer Fertigstellung kaum je so nahe kommen wie dieses von einem springenden Hund. Wenn Sie eine Zeit lang an ein und demselben Thema immer wieder arbeiten, kann Sie das dazu anhalten, ständig einen neuen Blick auf Ihr Motiv zu werfen. Ihre visuellen Notizen, egal wie knapp sie auch sein mögen, entwickeln sich langsam zu einer beachtlichen Wissenssammlung.

Die organisiertesten und eindeutigsten Strukturen sind diejenigen, die vom Menschen geschaffen wurden: Architektur der Innen- und Außenräume, Maschinen, Fahrzeuge und künstliche Begrenzungen. Die Umrisse dieser Motive stellen gleichzeitig die grundlegenden Kompositionselemente Ihrer Skizzen dar. Sie liefern also die Richtlinien für die Raumaufteilung und die Ordnung der Details. Es gibt jedoch beträchtliche Variationsmöglichkeiten bei der Darstellung dieser Strukturen in einem zweidimensionalen Bild. Vielleicht möchten Sie bei einem Gebäude dessen geometrische Genauigkeit betonen. Vielleicht benutzen Sie aber nur die allgemeinen Umrisse einer Form, um eine Detail- oder Oberflächenstudie anzufertigen. Vielleicht interessiert es Sie, die perspektivische Ansicht eines Ortes akkurat wiederzugeben, oder Sie möchten lieber seine Stimmung interpretieren.

DIE MITTEL ERWEITERN

Strukturen

Es gibt aber auch fast schon abstrakte Strukturen, die mit der Beziehung von Formen im Raum zu tun haben. Dieses Element liegt allen Motiven zugrunde, die Sie skizzieren wollen, Landschaften, Stilleben, Körperstudien, auch Architektur und Interieurs. Das Gerüst einer Komposition besteht nicht notwendigerweise aus genau definierten Bereichen und Objekten, sondern aus miteinander verbundenen Bezugspunkten, Richtungslinien und anderen „Markierungen“, die die Bildstruktur ausmachen. Bei Motiven mit offenen Räumen und unregelmäßigen Formen und Oberflächen müssen Sie vielleicht länger suchen, um das zugrundeliegende Gerüst auszumachen. Leichter ist das bei Ansichten, die eine offensichtliche Ordnung und Musterung haben. Wenn Ihnen jedoch die Wechselbeziehungen der Formen im Raum klar sind, dann wird Ihnen das helfen, Ihrem Bild einen inneren Zusammenhalt zu geben.

Stan Smith
Unterschiedliche Materialien
50,8 x 35,6 cm

Die hier benutzte Technik besteht darin, daß die Tintenzeichnung auf der mit Pinsel und Schwamm aufgetragenen Farbe angefertigt wurde. Dadurch werden nicht nur Oberflächendetails beschrieben, sondern auch das grundlegende Gefüge der Kirche. Die Zeichnung verleiht dem Gebäude eine Stabilität, als ob sich diese Qualität eher in den äußeren Schichten als in der Gesamtmasse finden ließe. Die Skizze gibt der konventionellen Struktur unerwartet viel Leben und Charakter.

Projekt 15

Skizzen künstlicher Motive

Die Grundlagen der linearen Perspektive

Neil Meacher
Filzstift
14 x 10,2 cm

Ein Motiv mit besonders schönen Details verdient eine entsprechend detaillierte Behandlung (unten). Um eine solchermaßen komplexe Struktur darzustellen, braucht man kein besonderes Wissen von Perspektiven. Man braucht jedoch eine gute Beobachtungsgabe und geduldige Augen und Hände.

PERSPEKTIVE ANWENDEN

- *Die Theorie der Perspektive ist ziemlich komplex, und selbst wenn Sie sich daran halten, ist es manchmal nötig, optische „Korrekturen" zu machen, damit das Bild normalen Wahrnehmungen entspricht und nicht irgendwelchen Bildregeln. Es mag jedoch helfen, wenn man sich klar macht, daß in groß- wie kleinformatigen Motiven perspektivische Elemente vorhanden sind.*
- *Horizont und Augenhöhe – ein Grundelement der Perspektive besteht darin, daß man zunächst eine Horizontallinie zeichnet, die mit der Augenhöhe übereinstimmt. Im allgemeinen kann man sagen, daß Horizontallinien, die oberhalb der Augenhöhe liegen, so aussehen, als würden sie nach unten kippen, während solche, die unterhalb der Augenhöhe liegen, nach oben kippen.*
- *Fluchtpunkte – das einfachste perspektivische System basiert auf einem einzigen Fluchtpunkt, der sich auf der Horizontalen befindet. Parallele horizontale Linien, die in den Raum verlaufen, scheinen sich in einem Punkt zu treffen. Vertikale Linien oder Flächen bleiben auch in der Zeichnung vertikal. Wenn Sie ein Gebäude von einer Ecke aus betrachten, bewegen sich die Seiten von Ihnen weg.*

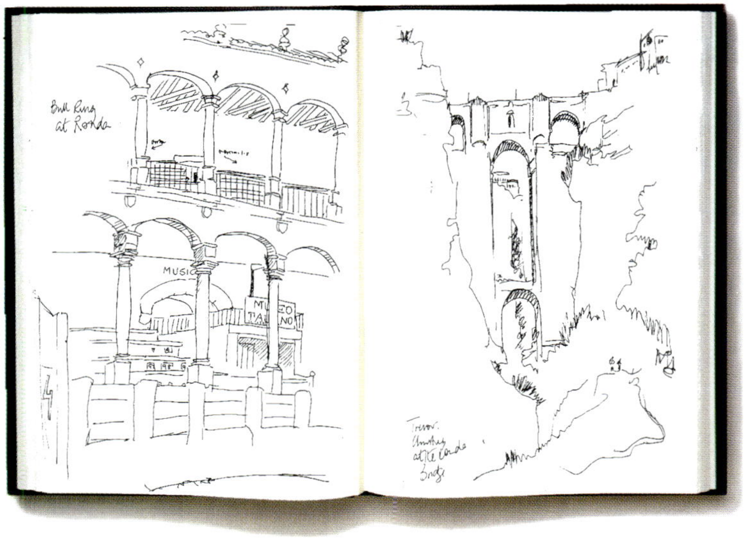

Elisabeth Harden
Zeichenbleistift
21 x 28,6 cm

Rundbögen haben ihre eigene visuelle Faszination, da sie einerseits angenehme Formen haben und andererseits einen Blick durch sie hindurch ermöglichen, der vielleicht noch weitere interessante Dinge offenbart. Diese beiden sehr unterschiedlichen Orte (links) schaffen eine schöne Balance zwischen den Seiten des Buches.

Stan Smith
Kugelschreiber
14,6 x 20,3 cm

Sowohl in der Innen- als auch in der Außenansicht dienen architektonische Elemente als Rahmen für andere Motive (oben). Der ungewöhnliche Rundbogen, der den Fensterbereich diese Raumes begrenzt, gibt den einfachen Figuren einen theatralischen Hintergrund.

Die offenen Ansichten von Landschaften lassen sich überraschend gut sogar in kleine Skizzen übertragen, vorausgesetzt, Sie erkennen die Schlüsselelemente, die Raum und Entfernung beschreiben. Diese optischen Elemente können ganz einfach sein: Wenn Sie ein kleines Zeichen am unteren Rand des Blattes machen und ein blasseres weiter oben, dann werden Sie diese beiden Zeichen in ihrer räumlichen Verbindung zueinander sehen: das Tieferstehende als eins, das näher zu ihnen ist, das andere entfernter von Ihnen. Unsere Augen sind daran gewöhnt, den Bildraum als Vordergrund, Mitte und Hintergrund wahrzunehmen. Einfach ausgedrückt: es gibt einige Bildelemente, die Räumlichkeit erzeugen. Details im Vordergrund sind größer und deutlicher als die im Hintergrund; die Farben sind hier klarer und kräftiger. Das visuelle Phänomen, das als atmosphärische Perspektive bekannt ist, ist eine Farbfunktion: Farben, die weiter weg sind, erscheinen verschwommener und blaustichiger als Farben im Vordergrund, die eine größere Leuchtkraft und Vielfalt haben. Waagerechte Linien oder Schwerpunkte, die sich vom Betrachter fortbewegen, nähern sich der Horizontale – ein Grundprinzip der Perspektive. In einer Landschaft kann dies mit linearen Elementen dargestellt werden wie einem Fluß, einem Weg, Bäumen in einer Reihe, Furchen auf dem Feld, Zäunen und Hecken. Größenverhältnisse sind relativ. Konzentrieren Sie sich auf einen Blumenstengel, der in Ihrer Nähe ist. Halten Sie Ihren Bleistift hoch, um ihn grob auszumessen, und Sie werden feststellen, daß der Stengel größer scheint als ein Baum, der zwei Felder entfernt ist. Bei all dem handelt es sich um Grundformeln zur Herstellung von Raum in zwei Dimensionen. Beim Skizzieren sollten Sie sich darauf verlassen, was Ihnen Ihre Augen mitteilen.

Projekt 16

Die Illusion von Tiefe

Kompositorische Mittel, um Tiefe zu schaffen

DIE MITTEL ERWEITERN

Raum und Entfernung

Kate Gwynn
Bleistift
38,1 x 27,9 cm

In einer klassischen Umkehr der Größen erreicht ein zerbrechlicher Blumenstengel ganz leicht die Größe einer Kirche. Möglich wurde das durch die niedrige Augenhöhe der Künstlerin. Manchmal ist es nicht leicht, den optischen Effekt von Größe und Entfernung zu begreifen, da die Relationen unecht sind.

Elisabeth Harden
Gouache
27,3 x 30,5 cm

Mit dieser Wasserfarbenarbeit sollte versucht werden, die besondere Farbqualität am Ende des Tages festzuhalten, als die Insel wie ausgestorben war. Die Töne und Schattierungen sind sehr gedämpft und kontrolliert, um ein karges, aber auch atmosphärisches Bild zu schaffen. Das Graublau im Hintergrund bildet einen ganz natürlichen Fluchtpunkt.

John Lidzey
Wasserfarbe
22,9 x 30,5 cm

Die Asymmetrie (unten) ist eine ungewöhnliche Annäherung an die Weiten der Landschaft. Der Farbklecks, die verschwindende Sonne, läuft Gefahr, sich zu sehr vom Gesamtbild zu lösen. Es bleibt eine lockere, doch effektive Verbindung durch das Echo der gelben Farbe in Bäumen und Wolkenfetzen.

DIE MITTEL ERWEITERN

Pastellfarben und -kreiden

Diese Farbstifte sind in der Anwendung die direktesten Farbmaterialien, denn es gibt zwischen Ihrer Hand und dem Papier kein Werkzeug mehr, wie das zum Beispiel beim Malen der Fall ist. Außerdem können Sie aus einem riesigen Angebot an reinen Farben, Tönen und Schattierungen wählen, die Sie großzügig oder sparsam benutzen können.

Die Oberflächen, die mit Pastellfarben und Kreiden geschaffen werden können, sind ebenso ausdrucksstark und vielfältig wie das Angebot an Farbtönen. Mit weichen Pastellfarben kann man sowohl scharfe Linien als auch zarte, pudrige Großflächen produzieren. Sie können die Töne vermischen oder, wenn Sie zwischendurch eine Fixierung aufsprayen, die Töne Schicht um Schicht miteinander verweben, so daß jeder einzelne Strich sauber und farbintensiv bleibt und sie zusammen eine lebhafte Wechselwirkung ergeben. Einige Pastellfarben sind wasserlöslich, so daß sie auch mit einem Pinsel auf Farbunterlagen aufgetragen werden können.

Ölpastellfarben können auch eine große Bandbreite von feinen Linien bis hin zu großflächigen, körnigen Schattierungen hervorbringen. Die stark ölhaltigen Farben können mit den Fingern aufgetragen und mit Terpentin verdünnt oder gemischt werden. Da die Ölpastellfarben feucht sind, können sie nicht unendlich übereinander aufgetragen werden. Irgendwann ergeben sie nur noch eine einzige schmutzige Fläche. Am besten eignen sie sich für die Wiedergabe reiner Farben.

Wachsmalstifte gibt es in brillanten Farben. Eine der effektvollsten Möglichkeiten, sie zu benutzen, ist die Abdeckung. Das Wachs stößt Farbe auf Wasserbasis ab, und die pudrigen Pastellfarben halten nicht darauf. Sie können also die Materialien mischen und dennoch die jeweiligen Eigenschaften bewahren.

Pastell-, Ölpastellfarben, Wachsmalkreiden

Das Mischen von Farben auf dem Papier

Projekt 17

Judy Martin
Pastell, Bleistift und Gouache
47 x 34,3 cm

Die dichte Struktur von Blumen und Blattwerk ist für Pastellzeichnungen wie geschaffen. Durch die vielen Möglichkeiten, die Pastellstifte bieten, können Sie das, was Sie sehen, in vielfältiger Weise umsetzen.

John Elliot
Pastell auf farbigem Papier
22,9 x 30,5 cm

Das leuchtende, pinkfarbene, weiße und gelbe Licht in dieser Zeichnung wird durch den warmen Braunton des Untergrunds besonders hervorgehoben. Das Benutzen farbiger Unterlagen (siehe auch S. 88 – 89) ist eine traditionelle Technik. Die Grundfarbe liefert eine sofortige Interaktionsmöglichkeit für die Pastellfarben, die realistischer ist als einfaches Weiß. Außerdem spart man sich Zeit, wenn die Farbe des Papiers stellenweise durchscheint.

Daphne Casdagli
Kreide und Tinte
…1,4 x 15,9 cm

Weiche, farbige Kreiden haben Eigenschaften, die ganz unterschiedlich von denen der Pastellfarben sind, jedoch mit ihnen die kräftige, körnige Struktur gemeinsam haben. Dies läßt sich mit den exakten Linien eines Tinten- oder Bleistifts sehr gut kombinieren, um die Details einer Zeichnung zu betonen. Für diese Skizze wurde eine begrenzte Farbpalette ausgewählt und die Landschaft zum größten Teil locker schraffiert und schattiert. Die in Tinte gezeichneten Details des Tieres im Vordergrund lassen seine Form schärfer hervortreten.

TECHNIKEN ZUM MISCHEN VON FARBE

- *Töne mischen – tröpfeln oder kritzeln Sie verschiedene Farben nebeneinander. Verreiben Sie sie dann vorsichtig mit dem Finger, so daß sie sich gut verbinden. Alternativ können Sie auch einen Pinsel oder Wattebausch, der mit einem Lösungsmittel getränkt ist, verwenden. Benutzen Sie Wasser für wasserlösliche Pastellfarben, Terpentin für Ölpastelle.*
- *Schraffieren – zeichnen Sie parallele Linien mit geringen Abständen. Fixieren Sie die Pastellfarbe, bevor Sie die nächste Schicht auftragen, arbeiten Sie dann eine zweite Farbe in die erste ein, indem Sie sie entweder in derselben Richtung oder im rechten Winkel über die ersten schraffieren.*
- *Punkte, Haken und Striche – benutzen Sie die Spitze des Pastell- oder Wachsmalstifts, um ganz kleine Zeichen aufzutragen, mit denen Sie auf Ihrem Papier eine Struktur aufbauen können, die zur Farbe Ihres Motivs paßt. Fügen Sie dann eine zweite Farbe hinzu, dann eine dritte und so weiter, bis Sie den gewünschten Farbeffekt erzielt haben.*
- *Puderfarben – kratzen Sie mit einem Messer oder einer Schere von den weichen Pastellstiften etwas Farbpuder ab, verteilen Sie es dann mit den Fingern oder einem Lappen auf dem Papier.*

Projekt 18

Hell-Dunkel-Kontraste

Drei Dimensionen darstellen

DIE MITTEL ERWEITERN

Licht und Schatten

Licht ist ein Medium, das Form, Struktur, Farbe und Oberflächenbeschaffenheit offenbart. Es wirkt auf alles, was wir sehen – unsere Wahrnehmungen werden durch Licht gefiltert – und schafft selbst Wirkungen, die zur Stimmung oder Atmosphäre beitragen. Die feinsten und komplexesten Lichteffekte werden in einem Gemälde erzielt, wenn Sie die Zeit und die technischen Fertigkeiten besitzen, um Töne und Farben zu manipulieren. Beim Skizzieren, bei dem Sie es mit unmittelbaren optischen Reaktionen zu tun haben und der Umfang Ihrer Interpretation von Ihren begrenzten Materialien bestimmt wird, könnte es lohnender sein, sich auf dramatische oder ungewöhnliche Lichteffekte zu konzentrieren. Das können zum Beispiel Schatten mit merkwürdigen Formen sein, starkes Licht von unten oder von oben, das eine Form zu verzerren scheint, ein stechender Sonnenstrahl oder eine Straßenlaterne, die durch die Dunkelheit scheint.

Bei schnellen Skizzen, Schwarzweiß oder in Farbe, sollten Sie die Effekte, die Sie beobachten, mit besonders viel Nachdruck, sogar mit übertriebenen Kontrasten betonen. Schatten haben häufig sehr gerade Kanten. Bei geschwungenen Formen, weichen Materialien und Oberflächen mit flachen Reliefs sind Licht und Schatten weicher. Da es sich bei Licht um ein körperloses Medium handelt, müssen Sie die Wirkung analysieren, die es auf die Objekte und Oberflächen hat. Untersuchen Sie auch die technischen Möglichkeiten, diese Wirkungen mit Ihren Zeichen- und Malutensilien zu beschreiben.

Stan Smith
Wasserfarbe
13,3 x 12,7 cm

Ungewöhnliche Lichteffekte können sich ganz schnell ergeben, und Sie müssen genauso schnell arbeiten, um den Eindruck festzuhalten (rechts). Hier machte der Künstler eine schnelle Pinselzeichnung mit Wasserfarbe, um den Körper zu beschreiben, der von Licht, das durch eine Jalousie fällt, beleuchtet wird. Die Farben, zwar gedämpft, liegen im mittleren Bereich, und es gibt nur wenig kräftigen Schatten. Die Lichtstreifen, die sich über den Körper ziehen, wurden erzielt, indem das weiße Papier an diesen Stellen ohne Farbe blieb.

Neil Meacher
Bleistift
14,6 x 21 cm

Die Schattenbereiche in dieser Zeichnung wurden mit Nachdruck gestaltet, obwohl sie grau und nicht schwarz sind. Ihre festen Fomen stellen einen besonderen Kontrast zu den weißen Flächen her, die auf starkes Licht schließen lassen. Bei der Häuserskizze (ganz rechts) sind die Linien eher über die grobe Bleistiftschattierung gezeichnet worden, statt mit den Schatten die Formen auszufüllen. Da die Schatten über das Gebäude und die Straße fallen, ergibt sich ein interessantes Spiel zwischen den Strukturdetails und Oberflächeneffekten.

Die traditionelle Methode, Form und Volumen darzustellen, besteht darin, Töne abzustufen, etwa beim Ausmalen mit Tinte oder beim Schattieren mit Bleistift. Die darstellerischen Möglichkeiten hängen dabei von Ihrer Tonpalette ab. Ein direkter Schwarzweiß-Kontrast wirkt unmittelbarer als Schatten, die sich schrittweise durch alle Grautöne aufbauen. Durch Druck auf Ihr Zeichengerät sowie die Dichte der Zeichen können Sie eine umfangreiche Palette unterschiedlicher Töne erzeugen. Weiche Bleistifte und Zeichenkreide hinterlassen, dick aufgetragen, ein sattes, samtenes Schwarz. Um Ihre Technik zu variieren, arbeiten Sie doch von Dunkel nach Hell, und benutzen Sie einen Radiergummi, um hellere Töne oder Lichteffekte auf tiefschwarzen oder grauen Flächen herzustellen.

Stan Smith
Bleistift
29,2 x 21 cm

Obwohl Bleistift ein sehr einfaches Material ist, ist es doch eines der vielseitigsten für Studien von Schattierungen (rechts). Man kann damit eine Reihe weicher Grautöne oder dichter Schwarztöne erzeugen. Man kann ihn zum Zeichnen von Linien benutzen oder von fein abgestuften Schattierungen, die eine körnige, dichte Qualität haben. Sie können auch einen Radiergummi benutzen, um Helligkeit herzustellen. Diese Methode ist besonders dann nützlich, wenn es zwar, wie hier, nur minimale Lichteffekte gibt, die aber für den Gesamteindruck entscheidend sind.

Innenraumlicht

Licht ist beim Zeichnen und Malen ein grundlegendes Medium. Es gibt Situationen, in denen eine bestimmte Lichtqualität für die Darstellung der Stimmung Ihres Motivs wesentlich ist. Licht in einem Innenraum reicht von feinem, diffusem Tageslicht, das durch einen Raum scheint, bis hin zu gleißenden Sonnenstrahlen oder exakt ausgerichteten künstlichen Lichtquellen. Es ist nicht immer leicht zu erkennen, wie man die Eigenschaften des reinen Lichts auf Papier übertragen soll. Wasserfarben sind für eine Studie ideal.

Stan Smith
Pastell und Wasserfarbe
48,3 x 31,1 cm

Wenn Sie ein Modell zeichnen oder ein Porträt anfertigen, dann lassen Sie das Licht seitlich einfallen, entweder durch ein Fenster oder durch eine starke Lampe. So entstehen dramatische Formen, Farben und interessante Schattierungen. Hier hat der Künstler die Gesamtkomposition in Wasserfarbe angelegt, mit Pastellfarben die Konturen nachgearbeitet und deutliche Farbakzente gesetzt.

John Lidzey
Beistift und Wasserfarbe
22,9 x 15,2 cm

Die Lichtquelle selbst kann Gegenstand der Zeichnung sein (ganz oben). Das Kirchenfenster wurde sorgfältig gezeichnet, und das einfallende Licht wird wunderbar wiedergegeben.

John Lidzey
Bleistift und Wasserfarbe
22,9 x 30,5 cm

Normales Tageslicht dringt in einen Raum ein, durchflutet und durchströmt ihn (oben) und hinterläßt ein sanftes Licht, das Farben und Formen im Inneren weichzeichnet.

Stan Smith
Bleistift und Wasserfarbe
43,2 x 40 cm

Heller Sonnenschein, der in einen Raum fällt, hat einen doppelten Effekt. Einerseits werden dreidimensionale Formen ausgeleuchtet, andererseits werden ihre eigentlichen Umrisse und ihr Umfang leicht verzerrt. Diese drei Studien untersuchen diesen Effekt am menschlichen Körper. Die ungewöhnlichen Umrisse der Schatten, die in Bleistift und Wasserfarbe gearbeitet sind, werden durch die deutlichen Kontraste besonders hervorgehoben.

Bootswerft

Stan Smith interessiert sich bei seinen Zeichnungen und Gemälden besonders für die Darstellung des menschlichen Körpers. Er hat sich für eine Bootswerft als Motiv entschieden, weil sich dort aufregende Größenkontraste ebenso finden wie Menschen in dramatischen Posen. Smith glaubt, daß die Unmittelbarkeit die Essenz des Skizzierens ist, rät aber, nicht auf Disziplin zu verzichten. Er empfiehlt, die technische Vorgehensweise und die Größen der Skizzen bisweilen zu variieren, um auf ungewöhnliche Situationen mit dem zur Verfügung stehenden Material reagieren zu können.

Eine grobe Bleistiftskizze zeigt die Körperhaltung von Männern beim konzentrierten Arbeiten (unten rechts). Winkel und Spannung der Körper führen das Auge zum Zentrum des Bildes. Der Künstler arbeitete schnell, um die individuellen Posen festzuhalten. Vergleichen Sie damit die entspannten Posen der Figuren, nachdem sie die Arbeit beendet haben (unten).

Auf dieser kraftvollen Skizze in Kohle und Bleistift wird die gezeichnete Ansicht zu einem Gerüst, das dazu dient, den dramatischen Kontrast der Töne zu transportieren. Die Schatten werden so einfach und direkt dargestellt wie feste Formen (oben).

Die Photographien zeigen, welches spezielle Detail die Aufmerksamkeit des Künstlers auf sich gezogen hat. Eine allgemeine Ansicht (oben links) zeigt den Schweißer bei der Arbeit im Schatten des Bootes, neben dem die Figur winzig wirkt. Die Formen und Winkel der Schatten sind hier, wie in der Skizze, zu sehen. Der Künstler hat das Licht des Schweißgeräts auch in seine Zeichnung übernommen (Mitte links), als einen zusätzlichen intensiven Kontrast. Die Dichte der Schatten wird mit einem Kohlestift skizziert, indem in eine Richtung schattiert wird (unten links).

Diese knappe Skizze ist eine interessante Charakterstudie, fast schon ein Porträt. In den unterschiedlichen Spuren der Bleistiftstriche spiegelt sich die kraftvolle Bewegung der Figur (rechts).

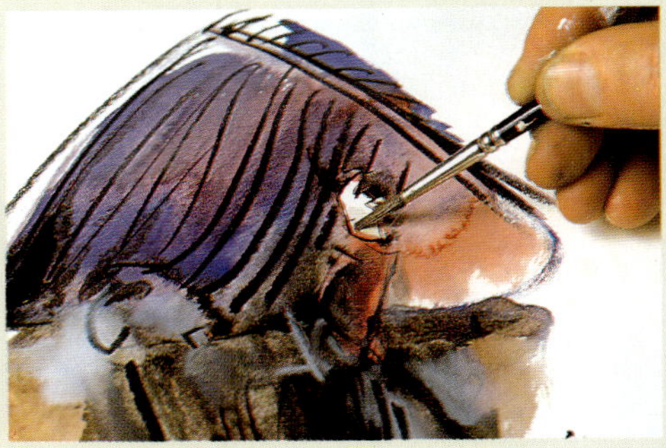

Die kräftigen Farben eines Boots, das gerade gestrichen wurde (oben), hat diese Farbstudie inspiriert. Der Künstler arbeitete mit Wasserfarbe, um die farbigen Flächen und ansatzweise auch die Struktur darzustellen. Die unvermeidbare Konsequenz von zügiger Arbeit mit nassen Materialien ist, daß die Farben zusammenlaufen, weshalb man nur Eindrücke der Farbwerte wiedergeben kann. Eine Bleistiftskizze mit schriftlichen Farbnotizen kann hier eine nützliche Ergänzung sein.

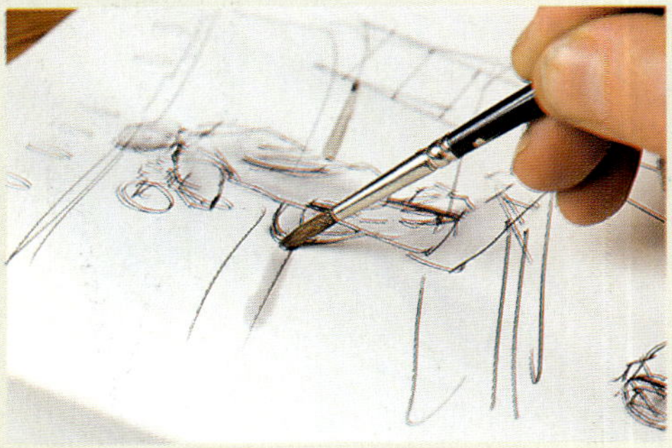

Einer knappen Skizze in Tinte (links) wurde eine dezente Detailtönung gegeben, indem die Tinte vorsichtig mit einem feuchten Pinsel verteilt wird (unten links). Dieses Motiv zeigt die unterschiedlichen Maßstäbe, die den Künstler am Motiv Bootswerft zusätzlich interessieren. Bei den Aktivitäten auf der Werft sieht man Menschen auf unterschiedlichen Ebenen vor dem Hintergrund der Boote arbeiten, wodurch der Künstler viele interessante Blickrichtungen erhält.

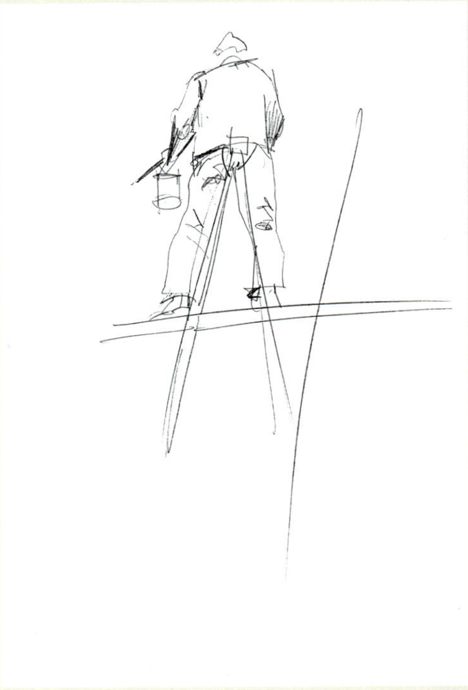

Zarte Kolorierungen in Blau und Sepia geben der Komposition zweier Figuren Festigkeit und eine Andeutung von Tiefe (ganz links). Auch hier findet sich wieder eine Spannung zwischen den Figuren, die in der Zeichnung genau eingefangen wurde und durch den aktiven Charakter der Tintenkonturen noch verstärkt wird. Für die Kolorierung pinselt der Künstler die Farbe sehr frei auf (oben links). Der Schatten hinter der linken Figur liegt über ihrem gehobenen Arm (unten links). Jedoch bleibt die Kontur durch die Kolorierung hindurch sichtbar.

Das Skizzieren läßt Sie aufmerksamer sein für ungewöhnliche Anblicke, die sich in einer Komposition verarbeiten lassen. Die Pose dieses Mannes, der auf einer Leiter stehend anstreicht (unten), wurde in eine einfache, jedoch sehr dynamische Bleistiftzeichnung übertragen (links).

Ein interessanter Aspekt der Figurendarstellung ist die Art wie sich Balance und Gewicht einer Figur verteilen. Diese zwei knappen Skizzen zeigen einen Vergleich – der Körper lehnt sich nach vorne und vom Betrachter fort. Beide sind sehr sparsam, doch exakt in der Darstellung des Charakters der Pose.

Projekt 19

Lernen durch Kopieren

DIE MITTEL ERWEITERN

Nach alten Meistern skizzieren

Das Kopieren der Arbeiten der alten Meister hat in der Kunstausbildung eine lange Tradition, von den Atelierlehrlingen der Renaissance bis zu den Studenten der Kunstakademien im 19. Jahrhundert, die den Stilen ihrer Lehrer folgten und die Werke der Vergangenheit studierten. Dieses Prinzip hat auch dem heutigen Studenten etwas zu bieten, obwohl man nur noch selten junge Künstler sieht, die die Meisterwerke Pinselstrich für Pinselstrich kopieren. Aber man kann eine Menge lernen über Form und Gehalt, Komposition und Technik, wenn man die Werke der Künstler, die für ihre eigenen Probleme ihre eigenen Lösungen gefunden haben, genau studiert. Und selbst bei Arbeiten eines berühmten Künstlers kann man manchmal feststellen, daß bestimmte Aspeke ungelöst bleiben. Das kann für einen Anfänger auch ermutigend sein. Die offensichtlichen Schwierigkeiten eines erfahrenen Künstlers können ebenso aufschlußreich sein wie seine Erfolge.

Es gibt zwei Methoden, um von großen Künstlern zu lernen. Eine besteht darin, daß man sein Skizzenbuch in Galerien und Ausstellungen mitnimmt. Machen Sie sich zu den Werken Skizzen, die Ihnen helfen, sich das Bild einzuprägen. Die Skizzenbücher können so zu Ihrer persönlichen Informationsquelle werden, die Ihnen interessante visuelle Aspekte zur Verfügung stellt, die Sie Dinge anders sehen läßt.

Sie können natürlich auch Reproduktionen – Bücher, Poster und Postkarten – als Vorlage für Ihre Studien benutzen. Vielleicht können Sie einem kleinen Druck nicht sämtliche Details der Farbgebung und des Pinselstrichs entnehmen, aber Sie können daran die Gesamtkomposition untersuchen und die Art und Weise, wie einzelne Elemente in das Bild eingearbeitet wurden.

Henri de Toulouse-Lautrec (oben)
***Jane Avril* Lithographie**
Elisabeth Harden (links)
Zeichenstift
21 x 14 cm

Die Skizze nach Toulouse-Lautrecs berühmter Darstellung der tanzenden Jane Avril wurde bei einer Ausstellung angefertigt. Sie zeigt die unmittelbare Reaktion der Künstlerin auf das Original und half ihr, sich den Rhythmus und die Kompositionsmuster einzuprägen.

Nach alten Meistern skizzieren

Marcus Stone (oben)
***Verliebt*, Öl auf Leinwand**
Judy Martin (ganz oben)
Kohle und Gouache
32,4 x 53,3 cm

Das viktorianische Original, das diese Skizze inspirierte, fasziniert durch die Qualitäten von Licht, Farbe und Komposition. Eine Reihe von Skizzen wurde nach einer Postkarten-Reproduktion angefertigt. Dabei wurde untersucht, wie bestimmte optische Elemente in einen komplett anderen Bildstil übertragen werden könnten.

SKIZZIEREN NACH REPRODUKTIONEN

- *Nachdem Sie das Original des Werks, das Sie studieren möchten, gesehen haben, versuchen Sie, eine Reproduktion zu finden, die Farbe und Details am besten wiedergibt.*
- *Wenn Sie an der Qualität einer Reproduktion zweifeln, dann richten Sie Ihre Aufmerksamkeit auf die Elemente, die zuverlässig sind: die tonalen Abstufungen und das Gesamtarrangement der Komposition.*
- *Benutzen Sie Werkzeuge, die dem, was Sie an der Vorlage interessiert, entsprechen: für die Linienstruktur Bleistift oder Füller, für Farbdetails Wasserfarben oder Gouache.*
- *Machen Sie lieber mehrere schnelle Skizzen, die die Aspekte der Vorlage festhalten, als eine einzige Skizze zu überfrachten. Klären Sie, was Sie tatsächlich interessiert.*

Es geschieht nicht selten, daß man eine Zeichnung auf der einen Seite des Blatts beginnt und dann feststellen muß, daß einige der Details, die man hoffte einfügen zu können, auf der gegenüberliegenden Seite „herausfallen“. Es ist nicht immer nötig, auf einer Skizzenbuchseite eine formale Komposition aufzubauen. Manchmal sind jedoch die Balance der Elemente und die Beziehung einer Form zu einer anderen die Hauptaspekte an dem Motiv. In einem solchen Fall müßten Sie sich die Mühe machen, Ihre Skizze zu „komponieren“.

Projekt **20**

Balance herstellen

Grundprinzipien der Komposition

DIE MITTEL ERWEITERN

Komposition der Skizze

Zunächst wäre da die Frage nach dem Format der Seite. Die wenigsten Skizzenbücher sind quadratisch, was bedeutet, daß Sie immer wählen können zwischen einem vertikalen (höher als breit) und einem horizontalen (breiter als hoch) Format. Sie haben natürlich auch die Möglichkeit, ein einseitiges oder ein doppelseitiges Format zu benutzen (siehe auch Seite 86–87). Die Abmessungen der Zeichnung werden also von der Papiergröße vorgegeben. Ihre Aufgabe besteht nun darin, festzulegen, wo innerhalb des Formats die wesentlichen Züge des Motivs unterzubringen sind.

Der allgemeine Aufbau Ihrer Komposition hängt von der Situation ab. In einer Landschaft müssen Sie auf dem Blatt den Verlauf des Horizonts festlegen. Die Beziehung zwischen Land und Himmel bildet die Grundstruktur der Komposition, die durch Ihren Blickwinkel bestimmt wird. Vielleicht gibt es auch bestimmte Elemente, zum Beispiel Bäume, Zäune oder einen Fluß, die das Gerüst der Ansicht bilden. Bei einem Porträt oder Stilleben konzentrieren Sie sich auf eine Person oder ein bestimmtes Objekt. Um aber die Komposition in einen breiteren Zusammenhang zu stellen, können Sie Hintergrundelemente wie Wände, Fußboden, einen Tisch oder Stuhl andeuten. In einer Architekturstudie findet sich eine vertikale wie auch eine horizontale Achse. Sie können eine Ansicht vorziehen, die eine breite Perspektive und eine komplexe Struktur hat, aber auch eine Frontansicht mit einer einfachen, aber dynamischen Betonung der Vertikalachse.

Stan Smith
Bleistift
44,9 x 63,8 cm

Bei dieser Bleistiftskizze (links) wird das Auge durch die Diagonale der ausgestreckten Figur geschickt auf das Zentrum des Bildes gelenkt. Die Figur im Hintergrund wird erst später bemerkt. Die Hintergrundelemente werden eher angedeutet als klar gezeigt. Die mit einem Radiergummi gemachten Markierungen lassen den Eindruck von Struktur entstehen.

John Elliot
Füller und Tinte
21 x 17 cm

Eine amerikanische Landschaft (ganz oben), in der der Künstler durch die Plazierung der Elemente Perspektive eingefangen hat. Die Oberfläche unterteilt sich in horizontale Bereiche. Die Bodenfurchen sind winkelig, um Entfernung darzustellen. Die Gebäude führen das Auge in die Komposition.

John Lidzey
Wasserfarbe
22,9 x 30,4 cm

Eine scheinbar ausbalancierte Komposition (oben), jedoch wird eine besondere Dynamik eingeführt durch den sonnenbeschienenen Bereich, der den Blick auf die Terrasse lenkt und der Skizze Asymmetrie verleiht.

- *Zentralachse – lassen Sie Ihr Bild nie durch ein Hauptelement in zwei Hälften teilen; es würde eintönig und übermäßig symmetrisch. Es macht jedoch Spaß, diese Regel zu brechen: ein „Spiegelbild"-Effekt kann äußerst dramatisch sein. Sie können die zentrale Balance aber auch dadurch konterkarieren, daß Sie zu beiden Seiten der Achse grundverschiedene Elemente unterbringen.*
- *Frontansicht – die frontale Ansicht, etwa bei einem Porträt, kann verwirrend wirken, weil sie den Betrachter zu direkt mit dem Motiv konfrontiert. Legen Sie viele Details in die Komposition, die das Auge ermutigen, die Oberfläche weiter zu erforschen.*
- *Eine Komposition, bei der die Vertikalachse nicht zentral gesetzt wurde, wirkt angenehm ausbalanciert. Als Beispiel dafür kann eine Innenansicht dienen, bei der eine Ecke eines Raumes eine starke vertikale Betonung hat, während die anschließende Ecke unsichtbar bleibt. In einem Stilleben werden die Gegenstände für gewöhnlich asymmetrisch angeordnet. Bei einer Körperstudie werden oft Teile des Hintergrunds angedeutet, die das Auge vom Körper weg nach außen führen.*
- *Ein niedriger Horizont bringt einen relativ hohen Blickpunkt mit sich. In einer Landschaft komprimiert ein niedriger Horizont die Flächen. Sie müssen sich überlegen, wie Sie die Details der Landschaft innerhalb des komplexeren Raumes aufbauen wollen. Versuchen Sie auch, den Himmel interessant zu gestalten.*
- *Hoher Horizont – schafft größere Flächen im Vordergrund. Achten Sie darauf, daß die Details im Vordergrund so aussehen als würden sie vor der horizontalen Ebene zurücktreten.*
- *Es gibt viele Wege, das Auge in den Raum und die Tiefe eines Bildes zu führen. In einer Landschaft ist ein Fluß, der zum Horizont fließt, ein einfacher Weg durch das Bild. Eine konventionelle Perspektive arbeitet so auch bei Darstellungen von Städten. Dabei laufen die Flächen der Gebäude und Straßen auf einen fernen Fluchtpunkt zu. Bei einem Stilleben sind die Flächen zwischen den Objekten genauso interessant wie die Objekte selbst. Türen und Fenster sind Verbindungselemente zwischen dem Innen- und Außenbereich.*

Jede Skizze, jedes Gemälde stellt in gewisser Weise eine selektive Ansicht eines Motivs dar. Die Elemente, die Sie für die Darstellung gewählt haben, und die Techniken, die Sie benutzen wollen, demonstrieren Ihr ganz persönliches Interesse. Jedes Bild ist eine individuelle Beobachtung, eine persönliche Stellungnahme. Beim Skizzieren gibt es verschiedene Wege, die visuellen Möglichkeiten auszuwählen und zu verfeinern.

DIE MITTEL ERWEITERN

Selektive Komposition

Der erste besteht darin, sich auf ein besonderes Motiv zu konzentrieren und einen speziellen Blickwinkel einzunehmen. Aber Sie können das, was Sie sehen, natürlich auf dem Papier auch verändern, bearbeiten oder reorganisieren. Manchmal geschieht das in einem unbewußten Prozeß, manchmal ist es auch eine überlegte Arbeitsmethode.

Viele Skizzen sollen eine Szene oder ein Ereignis objektiv wiedergeben. Es mag jedoch ein Element geben, das störend wirkt, das Ihr Auge vom Eigentlichen des Motivs ablenkt, Ihrer Interpretation aber nichts hinzufügen kann. Es gibt keinen Zwang, alles mit aufzunehmen, nur weil es da ist. Lassen Sie, was Sie nicht benötigen, einfach weg. Achten Sie nur darauf, daß damit nicht Dinge beeinträchtigt werden, die Sie brauchen. Nehmen Sie darum probeweise ein paar alternative Blickwinkel ein, um festzustellen, ob Sie das ungewünschte Material auch wirklich aus Ihrer Vision streichen können. Wenn nicht, ignorieren Sie es und konzentrieren Sie sich auf das, was Sie interessiert.

Eine andere Methode, mit Ihrem Skizzenmaterial selektiv umzugehen, besteht darin, ein Motiv anhand der bereits existierenden Skizzen zu überarbeiten und zu verfeinern. Dieses Procedere wird häufig von Künstlern angewandt, wenn sie Skizzen für andere Arbeiten weiterentwickeln wollen.

Elisabeth Harden
Bleistift und Gouache
45,1 x 31,8 cm

Da sich ein Bild zunächst im Kopf und dann auf dem Papier des Künstlers langsam entwickelt, gibt es auch verschiedene Wege, um eine Skizze bis zur endgültigen Interpretation zu führen. Diese Zeichnungen von Kühen an einem Zaun sind sehr locker mit dem Bleistift gearbeitet, um eine klare Komposition aufzubauen. Hier wurde zusätzlich ein rascher Versuch mit möglichen Farbkombinationen unternommen.

KOMPOSITIONSELEMENTE ANALYSIEREN

Wenn Sie Skizzen anfertigen, die Sie als Informationsquelle für weitere Ausarbeitungen benutzen wollen, dann versuchen Sie, möglichst viele Aspekte des Motivs festzuhalten. Möchten Sie die Skizze als Grundlage für ein Gemälde benutzen, dann skizzieren Sie Ihre Eindrücke der Farb- und Tonwerte wie der Formen, Volumina und räumlichen Beziehungen. Legen Sie die Gesamtkomposition fest und machen Sie Notizen zu besonderen Details der Form und Oberfläche auf einem besonderen Blatt.

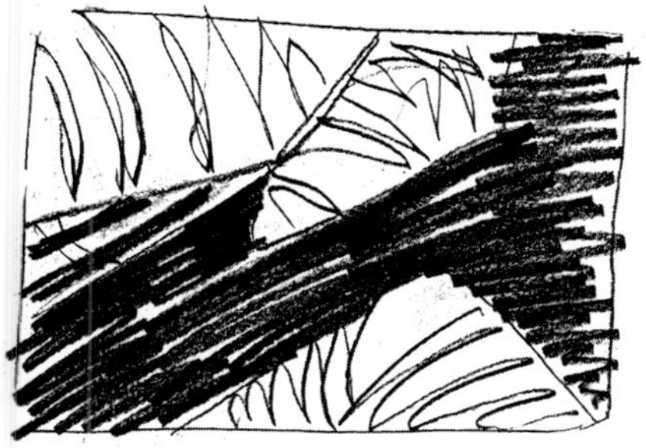

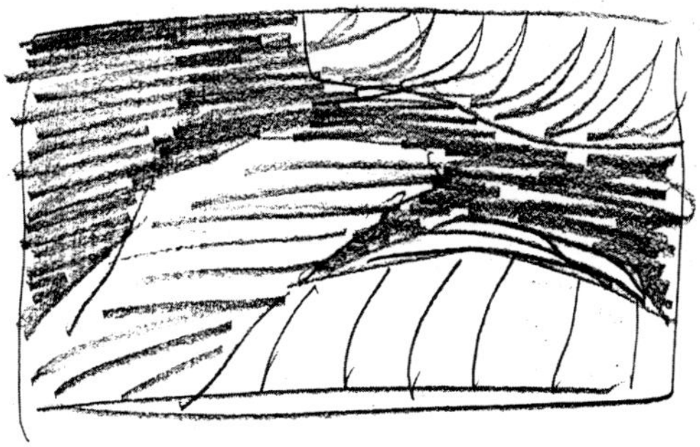

Judy Martin
Bleistift
34,9 x 22,2 cm

Die Skizzen auf dieser Seite stammen aus einer langen Serie von Arbeiten, die alle auf den Zeichnungen von Zebras im Zoo basieren (siehe auch Seite 37), und auf die einige Gemälde in Gouache und Acyrl zurückgehen. Die Streifen und Formen der Zebras wurden zur Grundlage dieser abstrakten Kompositionen. Durch das Skizzieren war es möglich, die Formen aus ihrem ursprünglichen Kontext zu lösen und ein Bild entstehen zu lassen, daß ganz für sich selbst steht. Dieser Prozeß setzte sich in den Gemälden fort, indem die Bilder von der Bleistiftskizze in ein anderes Medium übertragen wurden.

Skizzen komponieren

Manchmal führt ein bestimmter Blickwinkel zu einer Komposition, die alle wesentlichen Aspekte des Motivs beinhaltet. Dann wieder entdecken Sie so viele Potentiale in einem Motiv oder Ort, daß nur eine Serie von Skizzen alle Möglichkeiten festhalten kann.

Elisabeth Harden
Wasserfarbe
76,2 x 55,3 cm

Die Werkstatt eines Teppichrestaurators ist schon eine perfekte Kompositionsvorlage für eine Farbstudie (rechts). Obwohl sich ein sehr komplettes Bild ergibt, ist die Technik eher locker, und die Wiedergabe der Details wurde mit sparsamen Mitteln erzielt; grobe Farbkleckse und skizzenhafte, gerade Pinselstriche. Die Skizze wurde sehr schnell gearbeitet, um die satte, dunkle Atmosphäre einzufangen. Obwohl bei den Farben gedämpfte Töne dominieren, verbreitet das Gemälde eine vibrierende Stimmung.

Daphne Casdagli
(oben links nach rechts)
Wasserfarbe und Füller;
Wasserfarbe und Kreide;
Wasserfarbe; (links)
Verschiedene Materialien
Verschiedene Maße

Ein einziger Ort, Englands berühmte Gärten in Kew, bietet der Künstlerin viele verschiedene Kompositionen, die alle gleichermaßen faszinierend sind.

Wasserfarbe und Gouache

DIE MITTEL ERWEITERN

Skizzen in Farbe mögen kühner erscheinen als Arbeiten mit einem Bleistift oder Füller. Reine Farbe ist ein Element, das viele als schwierig, manchmal sogar beängstigend empfinden. Oft kann man den Reiz eines Motivs ganz klar erkennen, jedoch will sich die richtige Farbkombination auf dem Papier nicht ergeben. Das Bild, das so lebendig und prickelnd in seiner Farbigkeit wirkte, ist langweilig und enttäuschend.

Denken Sie daran, daß eines der Prinzipien beim Skizzieren lautet, sich Zeit für Versuche und Irrtümer zu lassen. Vergessen Sie ruhig solche Begriffe wie „richtige" Technik. Unter Zeitdruck ist Farbe ein Medium, das schwieriger und mühsamer einzusetzen ist als lineares Zeichnen. Jedoch zeigen die Beispiele auf dieser Seite, daß sie sehr viele Möglichkeiten bietet, sich dem Motiv zu nähern. Dabei lassen sich mit Farbe nicht allein objektive Farbwerte ausdrücken, sondern auch die Stimmung einer Szene.

Die transparenten Töne der Wasserfarbe sind strahlend hell. Sie bietet eine breite Palette für Innen- und Außenmotive und eignet sich besonders gut für zarte Lichteffekte. Die deckende Gouache-Farbe hat im Vergleich dazu eine kreidige Konsistenz und ist ein ausdrucksstarkes Material, das man Schicht über Schicht auftragen kann. Bei Wasserfarben bleibt jeder Strich, den Sie in einer Skizze machen, mehr oder weniger sichtbar, es sei denn, Sie decken Partien mit Gouache ab. Hier besteht aber das Risiko, daß, wenn weitere Farben aufgetragen werden, alles zu einem schmutzigen Grau wird. Es ist besser, zu Fehlern zu stehen als später zu versuchen, sie abzudecken. Für zusätzliche Lichteffekte können Sie zum Schluß Weiß benutzen oder das Weiß des Papiers durchscheinen lassen.

Stan Smith
Wasserfarbe
48,9 x 36,2 cm

Hier bestimmen farbige Flächen die allgemeinen Formen. Feinere Pinselstriche wurden darauf gelegt, um Details und Oberflächen darzustellen.

Projekt 22

Skizzieren mit Farbe

Zeichnen mit dem Pinsel

Malausrüstung

Daphne Casdagli
Wasserfarbe
17,2 x 11,4 cm

Oft läßt man bei einer Wasserfarbenskizze hin und wieder etwas Weiß des Papiers sichtbar, um damit Lichteffekte zu erzielen. Hier jedoch wurde der weiße Hintergrund als ein wirkliches Element behandelt, das seinen Beitrag zu Raum und Farbe einer lebendigen Landschaftsansicht leistet.

Wasserfarbe und Gouache

Stan Smith
Wasserfarbe
2˙ x 13,3 cm

Wasserfarbe wird in der Regel für die Darstellung von Masse, Licht und Schatten eingesetzt. Diese Pinselzeichnung (unten) zeigt, wie gut sie sich auch für eine leichte, fließende Linienführung eignet. Die Transparenz der Farbe vermittelt den Strichen Energie. Weiße Deckfarbe wurde benutzt, um kräftige Lichteffekte zu setzen.

Neil Meacher
Tinte und Wasserfarbe
14,6 x 20,3 cm

Die Linien- und Koloriertechnik erhält einen besonderen Charme, wenn die künstlichen Farben mit den natürlichen des Motivs (rechts) übereinstimmen. Diese Landschaft, obwohl sehr dicht strukturiert, hat Dank der zarten Kolorierung eine frische, offene Atmosphäre.

AUSRÜSTUNG

- *Wasserfarbe – ein Wasserfarbkasten von guter Qualität ist die beste Investition und genauso brauchbar wie Farbe in der Tube, aber einfacher zu handhaben. Die Kästen variieren in der Größe und bei der Farbpalette. Überlegen Sie, wieviel unterschiedliche Farben Sie brauchen werden und wieviele durch Mischen der Grundtöne erstellt werden können.*
- *Gouache – Farbe in der Tube ist umständlich, doch meist von besserer Qualität als in Dosen oder in Kästen. Denken Sie an eine leichte Plastikpalette zum Auftragen und Mischen der Farben.*
- *Skizzenblock – wenn Sie mit nassen Farben arbeiten, haben Sie das Problem, daß sich das Papier wellt und Sie es im trockenen Zustand nicht mehr glatt bekommen. Manchmal macht das zwar den Charme einer schnellen Skizze aus, aber wenn Sie kein gewelltes Papier wünschen, dann wählen Sie ein dickes Aquarellpapier, dessen Ränder fixiert sind*
- *Pinsel – der traditionelle Pinsel für Wasserfarben hat eine Spitze aus Marderhaar. Nehmen Sie verschiedene Größen, damit Sie sowohl größere Flächen als auch Details zeichnen können. Pinsel mit gerader Spitze sind nützlich, um mit der Kante Linien und der Breitseite breitere Striche zu zeichnen.*

Skizzen haben auch die Aufgabe, Details festzuhalten, selbst wenn Sie sehr großzügig an das Motiv herangehen und es nur knapp und frei beschreiben. Skizzieren ist eine Form von visuellem Journalismus, ein Aufzeichnen von Erscheinungen oder Ereignissen.

Man kann die individuellen Details eines Motivs auch vollständiger untersuchen. Die Gesamtdarstellung eines Motivs kann sehr allgemein angelegt sein und durch zwei oder drei zusätzliche Details sehr belebt werden. Die Entscheidung, ein unerwartetes Element in Ihre Zeichnung aufzunehmen, sollte nur aufgrund des optischen Eindrucks gefällt werden. Es ist aber nicht immer möglich, die aufwendigeren Details, z.B. einer Ortsansicht oder Landschaft, in ein Bild zu integrieren. Der Maßstab der Zeichnung oder der Blickwinkel schließen automatisch einige Details aus. Möchten Sie Ihr Augenmerk dennoch auf einen bestimmten Aspekt des Motivs richten, dann stellen Sie ihn am Rand genauer dar.

DIE MITTEL ERWEITERN

Details festhalten

Das Arbeiten an Detailskizzen erfordert Zeichenpraxis. Sie müssen ein Thema wieder und wieder angehen, gerade wenn Sie finden, daß es schwierig zu zeichnen ist. Hände und Füße, zum Beispiel, sind notorisch schwierige Teile beim Zeichnen einer Person. Oft werden sie viel skizzenhafter dargestellt als sie es eigentlich verdienen. Das ist natürlich auch eine Möglichkeit, das Problem zu lösen. Wenn Sie ein Skizzenbuch nur mit Zeichnungen Ihrer eigenen Hände und Füße füllen, dann werden Sie, wenn Sie auf der letzten Seite angekommen sind, alles wissen, was man über ihren Aufbau und ihre Funktionsweise nur wissen kann. Und Sie werden ebenso wissen, mit welchen darstellerischen Mitteln Sie vorgehen müssen, um Ihre Kenntnisse umzusetzen.

Suzie Balazs
Bleistift
40,6 x 14,6 cm

Die wesentliche Funktion eines Skizzenbuches liegt darin, daß es visuelle Notizen zu jedem Thema, das für Sie von Interesse ist, sammelt. In diesen Skizzen hat die Künstlerin Körperhaltung und Kleidung der Figur auf dem einen und die Hände auf dem gegenüberliegenden Blatt gezeichnet. So kann sie den Händen mehr Details hinzufügen. Dies wäre nicht möglich gewesen, wenn sie sie als Teil der Gesamtkörperstudie in der entsprechenden Größe gezeichnet hätte.

Projekt 23

Interessante Aspekte herausstellen

Schwierige Motive meistern

Ein Thema ergründen

Elisabeth Harden
Zeichenstift
22,9 x 28,6 cm

Wenn ein Ort eine Vielzahl optischen Materials enthält, dann haben Sie mehr davon, einige schnelle Detailskizzen anzufertigen, als zu versuchen, den gesamten Eindruck festzuhalten. Die Skizzen von Ornamenten an der Alhambra in Spanien (ganz rechts) sollen als Grundlage für ein Gemälde dienen.

John Lidzey
Bleistift und Wasserfarbe
22,9 x 30,5 cm

Der Künstler konzentriert sich auf die dekorativen Formen eines Kirchenfensters (unten) und baut diesen Detailbereich der Zeichnung auf, wobei er durch die angedeuteten Linien und die Kolorierung auch auf das massive Gemäuer hinweist.

DIE MITTEL ERWEITERN

Oberflächen-struktur

Muster und Struktur sind die Oberflächenelemente, die Ihre Skizze entscheidend beleben können. Oberflächenstrukturen sind für sich genommen schon faszinierende Studienobjekte, und man kann sehr leicht ganze Skizzenbücher mit unterschiedlichen Strukturarten füllen. Natürlich können Sie interessante Kompositionen schon mit Hilfe der grundlegenden Umrisse und Formen einer Ansicht schaffen. Wenn Sie jedoch beginnen, die individuellen Strukturen zu behandeln, dann werden Sie mit ziemlich einfachen Mitteln Zeichnungen von überraschender Ausdruckskraft produzieren.

Die Herausforderung beim Zeichnen von Strukturen liegt darin, herauszufinden, mit welchem Zeichenmaterial Sie den Charakter einer Oberflächenstruktur am besten andeuten (nicht reproduzieren) können. Sie können dabei sowohl monochrom als auch mit mehreren Farben arbeiten. Sie müssen sich also aufgrund Ihres Mediums nicht eingeschränkt fühlen. Lassen Sie Ihren Techniken für das Schattieren, Schraffieren oder Kritzeln freien Lauf: ziehen, drücken und rollen Sie Ihren Bleistift, Füller oder Pinsel. Machen Sie Punkte, Striche, Haken, Kleckse und Linien in verschiedenen Tönen und Farben. Nur wenn Sie erfindungsreich vorgehen, finden Sie vielleicht das perfekte zweidimensionale Äquivalent zu dem Strukturdetail in Ihrem Motiv.

FRÜHZEITIG ÜBEN

- *Suchen Sie sich eine bestimmte Oberflächenstruktur, die Sie sich gut von Nahem ansehen können. Versuchen Sie, sie mit unterschiedlichen Materialien darzustellen, sowohl einfarbig als auch bunt. Variieren Sie Ihre Technik so oft wie möglich.*
- *Studieren Sie eine massige Struktur, die zu komplex ist, um sie direkt im Detail festzuhalten, etwa ineinander verschlungene Zweige oder Blätterwerk.*

Projekt 24

Entwicklung Ihres Tastsinns

Intuitive Interpretation

John Lidzey
Bleistift und Wasserfarbe
22,9 x 30,5 cm

Die Strukturen von Zweigen und Blättern (links) sind so komplex, daß jeder Künstler wahrscheinlich zu einer anderen Lösung ihrer Darstellung findet. In dieser Skizze ist es das gezeichnete Gerüst der Zweige, das den Eindruck eines Strukturdetails hinterläßt.

Stan Smith
Bleistift und Wasserfarbe
38,1 x 27,3 cm

Jedes Element dieser Stillebenkomposition (links) hat seine eigene Struktur, die hier ihr gezeichnetes und gemaltes Äquivalent gefunden hat. Eine sorgfältige Analyse der Formen und Farben ist der Schlüssel zu einer passenden Technik.

Judy Martin
Tusche
45,1 x 32,4 cm

Dieses kraftvolle einfarbige Bild (links) macht eine deutliche Aussage, indem es natürliche Strukturen in eine Art abstraktes Muster überträgt. Drei verschiedene Federn mit unterschiedlichen Breiten wurden benutzt, um den Linien mehr Ausdruck zu geben; die tiefe, schwarze Farbe wurde mit einem Pinsel aufgetragen.

Neil Meacher
Bleistift
20,3 x 50,2 cm

Die ganze Bandbreite der Möglichkeiten, die ein Bleistift zu bieten hat, kam hier zum Einsatz (unten), um für die vielen verschiedenen Strukturen dieser Landschaft Entsprechungen zu finden. Diese Skizze hat außerdem eine gut entworfene Komposition, die sich über zwei Buchseiten erstreckt, um die volle Breite der Ansicht unterzubringen.

Projekt **25**

Beschreibung von Formen

Muster und Oberflächenstruktur

Rhythmus schaffen

DIE MITTEL ERWEITERN

Muster

Zunächst einmal ist ein Muster ein rein dekoratives Oberflächenelement. Die nächstliegenden Beispiele für Muster, die sich auf Ihren Skizzen interessant ausnehmen können, sind die von Menschen gestalteten auf Stoffen, die für Möbel oder Kleidung benutzt werden, Tapetenmuster, Design auf Geschirr und Behältern. Die Herausforderung beim Einbeziehen von Mustern in eine Skizze liegt darin, sie nicht einfach nur als eine Oberflächenbeschreibung zu sehen, sondern zu beurteilen, inwieweit sie zu anderen Elementen Ihrer Zeichnung passen, bei denen dreidimensionale Objekte in zwei Dimensionen übertragen werden. Die Grundformen Ihres Motivs, Kontur und Volumen, beeinflussen die Art, wie das Muster auf seiner Oberfläche erscheint. Die Grenzen zwischen Muster und Struktur sind oft fließend. Einige Strukturen sind so regelmäßig und klar, daß sie durchaus als Musterelemente interpretiert werden können. Überlegen Sie, wie Sie eine Ziegelwand definieren würden: als Muster oder als Oberflächenstruktur? Ihre Oberfläche ist deutlich strukturiert, aber ihr Gesamteindruck ist der eines einfachen geometrischen Musters – außer natürlich, Sie betrachten die Wand aus nächster Nähe, so daß alle kleinen Löcher und Unebenheiten gut sichtbar sind.

Auch in den allgemeinen Strukturen einer Landschaft oder Stadtansicht lassen sich bestimmte Muster entdecken. Landwirtschaftlich genutztes Land, das in Felder unterteilt ist, ist optisch ein von Menschen gemachtes Muster. Darin aber finden Sie auch natürliche Strukturen, wie Steinformationen oder komplizierte Vegetationsspuren. Achten Sie auf diese Rhythmen, aber auch auf die offensichtlicheren Muster regelmäßiger Strukturen, und Sie werden viel Material zum Skizzieren finden.

Moira Clinch
Bleistift
35,6 x 45,7 cm

Obwohl ausschließlich gezeichnet, ist diese Skizze farbig in einem weiteren Sinne des Wortes. Sie ist voller faszinierender Details, die den Charakter des Zimmers auf lebendige Weise wiedergeben. Die dreidimensionalen Strukturen sind sehr einfach gezeichnet, aber jedes Muster wurde sehr genau herausgearbeitet, was der Komposition sehr viel Ausdrucksstärke und Rhythmus gibt. Die Strichqualität ist gleichermaßen präzise, mit genügend Variation, um Vitalität zu verleihen, aber immer fein genug, um den Zusammenhalt des Bildes zu bewahren.

ELEMENTE VON MUSTERN

- *Flache Muster – Interieurs können sehr aufwendige Oberflächenmuster aufweisen. Es gibt typische Musterblöcke, die in einem Zimmer arrangiert sind, wie zum Beispiel Teppiche, Sesselbezüge, Wandteppiche und Poster oder Gemälde. Sie können einfarbig oder bunt gut dargestellt werden.*
- *Dreidimensionale Form – achten Sie einmal darauf, wenn Sie einen Schal oder eine gemusterte Bluse sehen, die achtlos über einen Stuhl geworfen wurden, wie das Muster durch die Falten, die der Stoff wirft, unterbrochen wird. Wenn Sie die Musterbereiche genau skizzieren, erhalten Sie automatisch einen Eindruck von der Form.*
- *Strukturelle Muster – ein Netzwerk ineinandergreifender Formen, wie man es in Landschaften oder Stadtansichten finden kann, kann als flaches Muster dargestellt werden oder als eine Kombination von Form, Oberflächenstruktur und Muster. Achten Sie auf wiederkehrende Elemente, die verschiedene Bereiche der Ansicht verbinden, und auf den Rhythmus der internen Muster der gesamten Szene.*

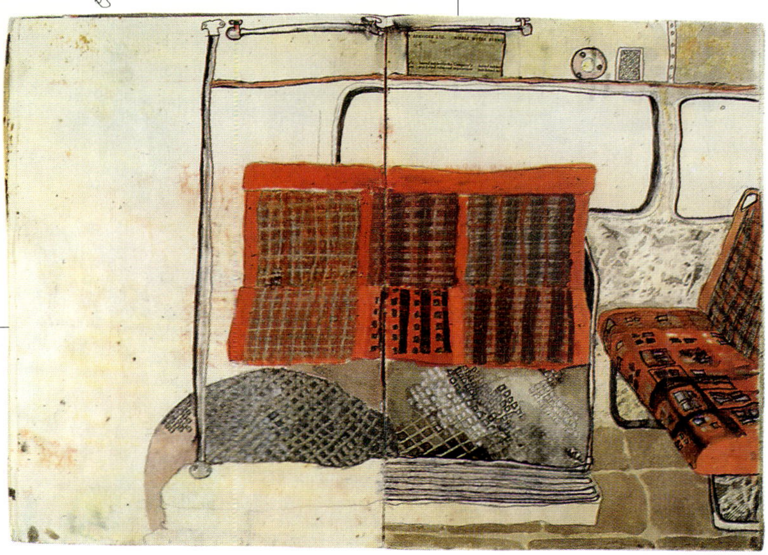

Moira Clinch
Füller, Kreide, Wasserfarbe
29,9 x 41,3 cm

Hier steht wiederum das Muster im Mittelpunkt, aber diesmal in einer gänzlich anderen Technik, die eine frechere und lockerere Wirkung hinterläßt. Bussitze sind Allerweltsartikel der Art, die nicht gerade alle Blicke auf sich ziehen, aber eine scharfsichtige Vorgehensweise macht aus dem trivialsten Gegenstand ein überraschendes Bild.

Einsatzmöglichkeiten Ihres Materials

Oberflächenstruktur als Bildelement

Projekt 26

DIE MITTEL ERWEITERN

Kombinierte Materialien

Viele der in diesem Buch gezeigten Skizzen sind mit unterschiedlichen Materialien gearbeitet worden – von einfachen Strich- und Ausmalzeichnungen bis hin zu komplexeren Kombinationen von drei oder vier Materialien in einer oder mehreren Farben. Wenn Sie schnell arbeiten, ist es durchaus angebracht, die Materialien zu wechseln, um ein anderes Element des Motivs darzustellen. Diese Methode schafft interessante Oberflächen und läßt Sie ein einprägsames Bild schaffen. Praktischer ist es sicherlich, Materialien kreativ zu mischen, wenn man im Atelier arbeitet. Beschränken Sie sich auf einfache Kombinationen. In vielen Skizzen wurden die grundlegenden Strukturen mit Bleistift oder Tintenstift gezeichnet und dann mit Farben, Buntstiften, Pastell- oder Wasserfarben, bearbeitet.

Wenn Sie zu Hause oder im Atelier Ausgangsskizzen anlegen oder überarbeiten, dann können Sie die ganze Vielfalt Ihres Materialvorrats ins Spiel bringen, einschließlich Farben, Tinten oder Papiercollagen. Wenn Sie Pastell oder andere Farben benutzen, denken Sie an die Hauptregel, daß Materialien auf Wachs- oder Ölbasis nicht gleichmäßig mit einer Farbe auf Wasserbasis übermalt werden können. Sie können diese Eigenschaft aber zu Ihrem Vorteil nutzen, indem Sie mit diesem Abperleffekt experimentieren.

Wenn Ihre Materialien eine starke Oberflächenstruktur hervorbringen – wie bei Ölpastell oder Graphitstiften –, dann denken Sie daran, daß man ein Material nicht grenzenlos in ein anderes einarbeiten kann, weil die Oberflächen schmutzig werden. Aber es gibt kein Richtig oder Falsch beim Kombinieren der Materialien. Sie sind eingeladen zu spielen.

Stan Smith
Pastell, Kreide, Wasserfarbe
36,2 x 37,5 cm

Bei dem Motiv dieser Zeichnung (links) wurden verschiedene Techniken ausprobiert. Farbe, Oberfläche und Rhythmus kamen durch den freien Gebrauch der Materialien zustande. Dazu gehören auch Abstoßtechniken und frei verspritzte Farbe.

Neil Meacher
Bleistift, Kreide und Pastell
20,3 x 50,2 cm

Die hier benutzte Kombination der Materialien (unten) gibt der Ansicht zusätzliche Tiefe und Struktur sowie feine Oberflächenvariationen. Linien und Farbe wurden überzeugend integriert.

Judy Martin
(links) Collage und Filzstift; (rechts) Bleistift, Wasserfarbe, Pastell, Filzstift
Unterschiedliche Maße

In diesen beiden Skizzen werden die Farbakzente des Seestücks mit einigen Strichen dargestellt. Auf das linke Bild wurde ein dünnes Papier gelegt, um einen farbigen Vordergrund auszuprobieren.

MATERIALIEN KOMBINIEREN

- *Bleistift, Buntstift und Kreide – benutzen Sie das Schwarz des Bleistifts, um Strukturlinien und Schattierungen zu zeichnen, arbeiten Sie dann die Farben ein.*
- *Pastell und Kreide – kombinieren Sie trockene mit wachsigen oder öligen Konsistenzen.*
- *Bleistift oder Füller mit Wasserfarbe – zeichnen Sie feine schwarze Grundlinien und Details, um für die freie Kolorierung und Licht- und Schatteneffekte eine Struktur vorzugeben.*
- *Wachsmalstifte oder Ölpastell mit Wasserfarbe – machen Sie sich den Abstoßeffekt dieser Materialien zunutze. Wasserfarbe zieht sich von wachsigen oder öligen Linien und Flächen zurück und bleibt nur auf den unbehandelten Stellen auf dem Papier haften. Sie können darauf weitere Schichten Kreide und Farbe auftragen.*
- *Pastell, Gouache und Buntstift – alle drei liefern blickdichte Oberflächen, ein Wechselspiel von breiteren und feineren Linien, dicker Farbe und komplizierten Mustern, um eine aufwendige Oberfläche zu gestalten.*
- *Collage mit Bleistift, Kreide, Pastell oder Farbe. Eine Grundlage aus farbigen Papierfetzen ist eine ideale Ausgangssituation für ein ungewöhnliches Bild.*

Die beste Position für Ihr Bild auf der Seite zu finden, hat sehr oft etwas mit Instinkt zu tun. Wenn Sie etwas rasch skizzieren möchten, dann ist der Kontakt von Zeichengerät und Papier das Allerwichtigste. Ein Bild, das in seiner natürlichen Form auf dem Papier entsteht, kann eine interessante Spannung in der Beziehung zwischen der Zeichnung und den leeren Flächen erzeugen.

Manchmal jedoch erfordert das Motiv etwas mehr Kreativität im Ausnutzen der Seite. Die

Das beste Format finden

Den maximalen Effekt aus einem Papier herausholen

Projekt 27

DIE MITTEL ERWEITERN

Die Seite ausnutzen

zwei Farbskizzen, die hier zu sehen sind, wurden beide auf einem doppelseitigen Format gezeichnet. Das eine wurde horizontal angelegt, um die Breite der Landschaft zu betonen, das andere vertikal, um einen intensiven, dynamischen Eindruck zu erzeugen. Wenn Sie über die Mittelbindung Ihres Skizzenbuches hinausgehen, haben Sie die Wahl, es zu ignorieren oder daraus einen Teil Ihrer Arbeit zu machen. In der unteren Landschaftsansicht hat der Künstler die Ringbindung seines Skizzenbuches in das Bild integriert, was dem Charme der Arbeit nicht abträglich ist.

Überall in diesem Buch finden Sie Zeichnungen und Gemälde, die aus ihrer Seite herausdrängen oder sich ganz vorsichtig ihren Weg von der einen Seite zur anderen suchen. Hier handelt es sich um eine Lösung für die Variierung des Formats, die einem nicht sofort in den Sinn käme, halten wir doch die linke Seite immer für die Rückseite der vorausgegangenen.

John Lidzey
Bleistift und Wasserfarbe
15,2 x 45,7 cm

Eine Landschaft wird natürlich gerne auf einer Doppelseite dargestellt. Häufig ist es die Weite der Landschaft, die zu einer dramatischen Ansicht führt, obwohl darin auch viele andere interessante Elemente Raum finden.

PRAKTISCHE HINWEISE

Wenn Sie im Freien arbeiten, dann legen Sie zwischen die Seiten Ihres Skizzenbuches Papiertücher oder Pauspapier. Benutzen Sie das Papier, um Ihre Hand daraufzulegen, wenn auf der gegenüberliegenden Seite bereits etwas gezeichnet wurde. Sie können die Oberfläche so vor dem Verschmieren schützen. Wenn Sie eine Skizze beendet haben und Ihr Skizzenbuch schließen möchten, legen Sie Papiertücher zwischen diejenigen Seiten, auf denen mit Farbe gearbeitet wurde und die vielleicht noch nicht ganz trocken sind (tun Sie das auch, wenn Sie lose Pastellfarbe benutzt haben), sonst könnten Sie einen Abdruck der einen Seite auf der anderen erhalten, oder es kleben beide Seiten zusammen.

Daphne Casdagli
Tinte und Wasserfarbe
40 x 14,6 cm

Auch hier wurden zwei gegenüberliegende Seiten benutzt (rechts), um eine Landschaftsansicht unterzubringen. Jedoch ist es recht ungewöhnlich, ein vertikales Format zu wählen, besonders dann, wenn die Seiten so viel höher als breit sind. Hier aber ist es der Steigung des Geländes angemessen.

Neil Meacher
Bleistift
10,2 x 27,9 cm

In einem Skizzenbuch mit genähter oder geklebter Falz in den Seitenmitten wird Farbe diese Verbindung zwischen den Seiten allmählich überdecken. In einem Skizzenbuch mit Ringbindung bleibt die Bindung ein sichtbares Element (links). Hier stellt sie einen unvermeidbaren Bruch innerhalb des Bildes dar. Die beiden Hälften werden jedoch durch die kraftvolle Komposition erfolgreich miteinander verbunden.

Projekt **28**

Farbwerte auf farbigem Untergrund

Die Grundfarbe auswählen

DIE MITTEL ERWEITERN

Skizzieren auf farbigem Papier

Auf weißem Papier zu arbeiten ist ausgesprochen sinnvoll, denn Sie können darauf sowohl deckende als auch transparente Farben benutzen, Ihre eigene Farbpalette erfinden und die Wechselwirkung zwischen Zeichnung und Farbe vor einem neutralen Hintergrund prüfen. Allerdings ist das fleckenlose Strahlen von weißem Papier recht unnatürlich. Nur ganz wenige Dinge bekommt man je vor einem reinweißen Hintergrund zu sehen. Eine Menge guter Gründe also, auf farbigem Papier zu arbeiten.

Das Arbeiten auf getöntem oder farbigem Grund war bis zu den Impressionisten bei Malern und Zeichnern die Regel. Der Vorteil liegt darin, daß man mit einem mittleren oder neutralen Ton beginnen kann, ehe man mit den hellen und dunklen Tönen eines Bildes spielen kann. Diese Methode, eine Farbskala anzulegen, eignet sich für alle Skizziermaterialien. Farbiges Papier wirkt zudem weniger einschüchternd als eine schneeweiße Seite. Denken Sie jedoch daran, daß Sie bei einem farbigen Untergrund keine klaren Farbwerte von transparenten Medien wie Wasserfarben erhalten werden. Der Untergrundton verändert helle wie dunkle Töne. Die idealen Materialien sind deckende Pastellfarben und Gouache, deren Striche die Untergrundfarbe vollständig oder teilweise abdecken. Üblicherweise hat ein farbiger Untergrund niedrige oder neutrale Farbwerte: Grau-, Braun-, Gelbbraun- und Beigetöne, abgetönte Blau- und Grünwerte. Sie gleichen die von Ihnen aufgetragenen Töne und Farben aus. Sie können natürlich auch eine sehr kräftige Papierfarbe wählen, wenn sie gut zu dem Motiv paßt.

John Elliot
Pastell auf farbigem Papier
27,9 x 34,3 cm

Pastellfarben nimmt man generell zu farbigen Hintergründen, da die Linien, Oberflächen und Farben so ihre ganze Lebendigkeit erreichen (oben). Hier verleiht das dunkle Papier der Landschaft eine düstere Stimmung.

Stan Smith
Ölpastell auf farbigem Papier
38,1 x 27,9 cm

Große Bereiche des Papiers wurden bei dieser Zeichnung (gegenüber) frei gelassen, um sie auszubalancieren. Die beschränkte Farbwahl läßt die hellen Pastelltöne warm und klar erscheinen.

Sie können sich zum Skizzieren einzelne Bögen farbigen Papiers zulegen oder auch verschiedene Skizzenbücher oder -blöcke. Es bieten sich zwei Varianten an: Zeichenpapier mit glatter Oberfläche in kräftigen Farben und leicht getöntes Papier mit gröberer Textur.

- *Grau – eine neutrale Farbe mit vielen Tönen, von Hell- bis Dunkelgrau. Sie müssen entscheiden, welcher Ton am besten geeignet ist, die Grundlage für die Farbvariation Ihres Motivs zu bilden.*
- *Beige- und Brauntöne – sie gelten als neutral. Wenn Sie verschiedene Töne miteinander vergleichen, werden Sie die Variationen von warmen und kühlen Farben wahrnehmen. Diese Farbtöne können einen schönen Untergrund für Landschaftsdarstellungen oder Innenmotive sein.*
- *Blautöne – die Vielfalt von Tönen reicht von einem starken Kobalt und kräftigem Ultramarin bis hin zu gedämpften Blau-Grau-Tönen. Blau ist die Komplementärfarbe von Orange, also bieten Orange-, Rot- und Gelbtöne einen guten Kontrast. Landschaften und Stilleben erhalten durch eine blaue Grundlage eine kühle Stimmung.*
- *Grüntöne – scheinbar die beste Wahl für Landschaften. Die in der Natur vorkommenen Variationen von Grün sind schwerer zu treffen, wenn Sie als Grundlage einen starken Grünton wählen.*
- *Rottöne – Rottöne sind einfach dominant. Es könnte schwierig werden, auf einem roten Untergrund eine Balance der Farben herzustellen, aber Sie können damit einen spektakulären Effekt erzielen. Für warme Atmosphären sind rote Grundlagen sehr wirkungsvoll.*
- *Gelbtöne – neben Weiß die reinsten Farben, gut für Lichteffekte. Gelbtöne können aber in Kombination mit anderen Tönen schwierig sein und sollten sparsam eingesetzt werden.*

Überdachte Brücke

In einer Reihe von Skizzen, die die Grundlage zu einem äußerst erfolgreichen Gemäldezyklus bildeten, untersucht John Elliot die Vielfalt der Formen, Muster und Oberflächen an der Struktur einer alten überdachten Brücke, die ein origineller Teil der Landschaft ist. Als historisches Wahrzeichen und Mittelpunkt eines Erholungsgebietes für die Gemeinde, vermittelt die Brücke sehr unterschiedliche Stimmungen, abhängig von der Tageszeit und den Aktivitäten, die dort stattfinden. All diese Aspekte wollte der Künstler in visuelle Qualitäten überführen. Darum wählte er unterschiedliche Materialien, die den jeweiligen Überlegungen entsprechen sollten.

John Elliot hält ständiges Skizzieren für eine gute Schulung des Auges wie der Koordination von Auge und Hand. Er verläßt sein Haus nie ohne Skizzenbuch und Stift. Obwohl er über eine beeindruckende Palette von Techniken verfügt, greift er zu Füller und Tinte, wenn es darum geht, ein klares optisches Statement und eine stimmige Analyse des Motivs abzugeben. Dazu eignen sich die unzweideutigen Linien des Füllers in besonderer Weise.

In einer Serie von schnellen Skizzen (oben) experimentiert der Künstler mit verschiedenen Blickrichtungen, um die Möglichkeiten auszuprobieren, wie die Brücke als Gesamtkomposition gesehen werden kann. Die Linienführung erfolgt in einer lockeren und aktiven Weise und beschreibt die Gesamtstruktur des Bildes und Ansätze der Farbwerte und Oberflächen.
Der Füller wird hin und her bewegt und gedreht, damit die passenden Effekte entstehen.
Mit flüssiger Bewegung werden breite Linien und dunkle Töne gezeichnet (rechts oben und Mitte). Feinere Linien werden mit umgedrehter Feder gezeichnet (rechts unten).

Ein Marker mit breiter Spitze schafft kräftige Tonabstufungen (rechts). Aus den dicken, schwarzen Streifen entsteht allmählich ein Muster von Licht und Schatten. Der Blickwinkel ist etwas zurückversetzt, so daß die Brücke selbst nicht mehr im Mittelpunkt steht.

Auf Malausflügen nimmt der Künstler häufig eine Art Kratzbrett mit. Er fertigt es an, indem er Ölpastellfarbe über Tusche aufträgt. So entsteht ein einfarbiges, strukturiertes Bild, das sich in seinem Charakter sehr von einer Tintenzeichnung unterscheidet (oben Mitte). Die Zeichnung wird mit einer Messerkante oder einem spitzen Gegenstand in die obere Schicht eingekratzt (oben). Korrekturen können ganz einfach gemacht werden, indem mit Ölpastell retuschiert wird.

Dies ist eine weiter ausgearbeitete Version der größeren Kompositionsskizze, die gegenüber abgebildet ist. Wieder wurde der Füller umgedreht, um feinere Linien zu erhalten (links). Die Strukturen, besonders die des Wassers und der Schatten, die sich innerhalb und unter der Brücke befinden, wurden detailgetreu dargestellt. Die mittleren Bereiche mit den stärkeren Tönen ziehen den Blick in die Szene hinein, ein Effekt, der durch den „Rahmen“ des im Vordergrund stehenden Baums gesteigert wird.

In einer schnellen Pastell-Skizze interpretiert der Künstler das Motiv in reinen Farben. Er hat kräftige Farben gewählt, mehr auf interessante Tonwerte bedacht als auf eine realistische Wiedergabe des Motivs. Das dunkelbraune Papier bringt die Pastellfarbe zum Glänzen, sorgt aber auch für einen einheitlichen, tragenden Grundton. Vor diesem Hintergrund verschmilzt die skizzenhafte Behandlung von Form und Volumen zu einer lebendigen Impression der gesamten Szene.

Diese mit Bleistift gefertigte Detailskizze, die eine Frontansicht der Holzwand zeigt, vermittelt wirkungsvoll die faszinierende Struktur der überdachten Brücke. Durch die Nahdarstellung rücken die abstrakten Eigenschaften des Motivs in den Mittelpunkt.

Bei diesem Blick durch den Tunnel, der durch die Überdachung der Brücke entsteht, nutzt der Künstler die perspektivische Verkürzung und die tiefere Dunkelheit des Innenraums für seine Komposition. Die grauen und schwarzen Töne wurden mit einem weichen Bleistift gezeichnet. Hier sind zwei Badende integriert, die auf die Funktion der Brücke schließen lassen.

Mit der Spitze des Bleistifts werden die Umrisse mit größtmöglicher Genauigkeit gezeichnet (links). Für die dunkleren Schattierungen wird der Bleistift seitlich in einem leichten Winkel gehalten (rechts).

Ohne das Blattwerk, das die Gestalt der Brücke im Sommer teilweise verdeckt, hat sie unter dem Schnee eine starre, formale Präsenz. Diese Skizze wurde in Schwarz auf Weiß mit der Kratztechnik (siehe Seite 91) gearbeitet. Die Oberfläche einer Zeichenpappe wurde mit Tusche vorbereitet, anschließend eine Schicht weiße Ölpastellfarbe aufgetragen. Der Künstler zeichnet mit einem Messer oder einem speziellen Kratzwerkzeug in die Pastellfarbe.

Eine detaillierte Farbskizze dieser Art muß als Ganzes gearbeitet werden, da die Beziehungen der Farben zueinander ständig überprüft werden müssen. Abschließend werden noch einige Effekte, wie Glanzlichter, hinzugefügt. Durch das Farbschema wird eine sonnige Stimmung geschaffen. Der tiefste Ton, der für einen Schatten benutzt wurde, ist ein kaltes Mittelblau, das aber durch die Brücke mit ihren warmen Pink-, Orange- und Gelbtönen einen Kontrast erhält. Die Technik wurde sorgfältig eingesetzt, damit die Farben nicht zu sehr überlappen und schmutzig werden.

3

Themen

ABSCHNITT DREI

Themen

Mögliche Themen für eine Skizze gibt es viele. Dazu kann nahezu alles gehören, was Sie in Ihrem Haus oder vor Ihrer Tür sehen. Ein Thema auszuwählen ist daher schon wichtig, wenn Sie Ihre Beobachtungs- und Darstellungsgabe schulen wollen. Eine der schönen Seiten beim Skizzieren ist, daß Sie ganz beiläufig Bilder aufgreifen können, Themen und Situationen, die vielleicht nie mehr sein werden als eine hingeworfene Skizze in Ihrem Skizzenbuch. Andererseits kann aber auch ein ganz spezielles Interesse oder ein Gedankengang dazu führen, daß Sie sich über einen längeren Zeitraum immer wieder mit einem einzigen Thema oder verwandten Motiven befassen. Sie werden allerdings rasch die Lust am Skizzieren verlieren, wenn Sie sich bloß auf den Zufall verlassen und sich keine technischen und inhaltlichen Ziele setzen.

In diesem Abschnitt finden Sie verschiedene klassische Themen für das Skizzieren und Malen. Viele Künstler fühlen sich zu einem bestimmten Thema hingezogen, das dann zu einer zentralen Plattform für ihre technischen Experimente und visuelle Entwicklung wird. Landschaft und der menschliche Körper sind Themen, die im Werk eines Künstlers oft eine zentrale Rolle spielen und denen er seine ganz persönliche Note gibt. Beide Bereiche verlangen eine instinktive und emotionale Antwort, die so etwas

Stan Smith
Bleistift und Pastell
50,2 x 76,8 cm

In der Kunst ist der Mensch ein klassisches Thema. Diese Skizze zeigt eine entspannte Situation in einem Raum. Man hat den Eindruck, daß der Künstler seine Modelle ebenso gern zeichnet, wenn sie eine Pause machen, wie wenn sie förmlich für ihn sitzen.

Moira Clinch
(ganz oben) Bleistift;
(oben) Kugelschreiber und Buntstift
beide 15,2 x 12,7 cm

Porträtzeichnen zielt hauptsächlich darauf, eine Ähnlichkeit mit der Person herzustellen, aber es gibt auch viele andere Aspekte des Charakters und der Interpretation, die ins Gewicht fallen. Diese beiden Zeichnungen konzentrieren sich auf Ausstattung und Aktivitäten der Gerichtsangestellten, aber auch auf die Menschen, die in den Roben stecken. In beiden Fällen wurde exakt gezeichnet, um diesen Interessen gerecht zu werden.

wie eine Grundlage für diszipliniertere Aspekte in der künstlerischen Analyse ist. Das heißt nicht, daß die Beschäftigung mit Landschaft eine Sache der Psychologie sei. Sich stark zu einem bestimmten Motiv hingezogen zu fühlen, kann aber eine sehr starke Motivation für einen Menschen sein zu arbeiten.

SPEZIELLE INTERESSEN

Das Skizzieren – genau wie jede Form von Zeichnen und Malen – kann als eine Übung angesehen werden, bei der die Beobachtungsgabe und die technischen Fertigkeiten in Übereinstimmung gebracht werden sollen. So gesehen spielt es keine Rolle, welches Motiv Sie sich zum Zeichnen aussuchen, da alle Motive visuelle Qualitäten haben, die mittels der zur Verfügung stehenden Materialien wirkungsvoll dargestellt werden können. Diesem Ansatz mag in Kunstschulen widersprochen werden, wo Projekte vorgeben werden, mit denen Disziplin bei der Anwendung bestimmter Fertigkeiten erlangt werden soll, und wo spezielle Bereiche nach Kriterien des visuellen und technischen Potentials untersucht werden. Wenn Sie sich jedoch vorgenommen haben, etwas von Ihren Skizzen zu lernen, dann müssen Sie sich disziplinieren. Wenn Sie wirklich an Ihrem Motiv interessiert sind, ist das leichter und macht auch mehr Spaß.

Ein Thema zu wählen hat auch etwas mit der Gelegenheit zu tun. Sie müssen nicht viel Konzentration und Engagement aufwenden, wenn sich Ihnen ein Motiv präsentiert, das Sie interessiert. Wenn Sie jedoch zum Beispiel nach draußen gehen, um dort einen ganzen Tag lang zu arbeiten, ist es besser zu wissen, welcher Aspekt des Motivs für Sie von Interesse ist, und welche Ausrüstung Sie brauchen werden, um Ihrer Skizze so gut wie möglich darzustellen. Die Vielfalt in der Landschaft kann ganz unterschiedliche Bereiche ansprechen. Interessieren Sie sich für Raum und Entfernung, Struktur und Oberfläche? Welche Eigenschaften hat der Ort, den Sie gerne skizzieren würden? Können Sie dorthin kommen? Gibt es eine ernstzunehmende Alternative in Ihrer Entscheidung, zum Beispiel zwischen einem ländlichen Bereich und der Küste?

Daphne Casdagli
Wasserfarbe und Bleistift
15,2 x 41,3 cm

Die Kategorie Landschaft beinhaltet eine große Vielfalt an Motiven, nicht nur die natürlichen Formen und Farben, sondern auch Licht, Raum, Wetterbedingungen und die Spuren der dort lebenden Menschen. Diese Farbstudie untersucht die visuellen Schichten einer hügeligen Landschaft, zu der Felsen, Häuser und Bäume ihre Farben und Strukturen beisteuern. Die Farben durchlaufen von links nach rechts ein feines Spektrum, das wachsenden Raum und Entfernung beschreibt.

Wenn Sie an einem Motiv Studien machen, dann ist das für Ihre Arbeit von Vorteil, weil Sie kontinuierlich bei einem Thema bleiben, und das zu einem spürbaren Fortschritt führt. Zwar wollen Sie generell Fortschritte machen, aber nicht alle Themen lassen sich so ohne weiteres miteinander vergleichen. Eine Körperstudie, verglichen mit einer Stadtansicht, kann einiges über die wesentlichen technischen Eigenschaften aussagen, etwa wie die Struktur, oder die Farben, die Töne und Oberflächeneffekte gehandhabt wurden. In mancherlei Hinsicht kann man sogar wertvolle Rückschlüsse ziehen. Eine technische Lösung, die mit Farbabstufungen gemeistert werden kann, wurde zwar für das eine Motiv gefunden, läßt sich aber vielleicht genauso gut auf ein anderes übertragen. Wenn Sie sich aber mehrere Stadtansichten oder mehrere Körperstudien ansehen, die Sie angefertigt haben, können Sie feststellen, ob Sie etwas über Form und Komposition und über Interpretation der Technik gelernt haben. In einer Skizzenserie haben Sie nicht nur festgehalten, was Sie gesehen haben, sondern auch, wie unterschiedlich Sie auf dieselben Stimuli reagiert haben.

DIE HERSTELLUNG EINES BILDES

Die Themen in diesem Abschnitt sind nach methodischen Gesichtspunkten geordnet und behandeln die wichtigsten und beliebtesten Motivbereiche, wie Landschaften, Stadtansichten, Körperstudien, Menschen, Porträts, Tiere, Natur, Innenräume und Stilleben. Die Beispiele, die für die jeweilige Kategorie gegeben werden, liefern zahlreiche Anregungen zu Motiven, Techniken, und ermuntern Sie, verschiedene Arten von Skizzen auszuprobieren. In Ausführungen zu Themen, wie Urlaub oder besondere Ereignisse, werden die Freizeitsituationen oder speziellen Momente betrachtet, die Sie mit einer Skizze festhalten möchten. Im letzten Abschnitt „Ein Bild entwickeln" werden die unterschiedlichen Gründe für das Skizzieren betrachtet, um das Innenleben und die Visionen des Künstlers zu erforschen, wobei das auf dem Papier entstehende Bild nicht direkt in Bezug zu externen oder objektiven Werten stehen muß. All diese Motive und Möglichkeiten, zu sehen, vom gegenständlichsten bis zum abstraktesten, sollen Sie dazu ermutigen, Ihre eigenen zu finden.

Ray Evans
Tinte und Wasserfarbe
Größe unbekannt

Die strahlende Transparenz der Wasserfarben wurde benutzt, um dieser ungewöhnlichen Stadtansicht eine zarte Wirkung zu geben. Flächen in Grundfarben sind in eine Struktur ausdrucksstarker Töne integriert, so daß ein Kontrast von starken Hell- und Dunkeltönen entsteht. Die Gesamtkomposition ist sorgfältig geplant und durchgeführt worden.

THEMEN

Landschaft

Das Skizzieren in einer Landschaft wird traditionell als Vorbereitung für ein Ateliergemälde gesehen: Künstler, die im Freien arbeiten, machen sich vielleicht Detail- oder Farbnotizen zu der Landschaft, um sie dann im Atelier zu einem Bild auszuarbeiten. Früher bedeutete dies, daß die Landschaft als Hintergrund für Menschen oder für eine Genre-Szene diente. Die Wichtigkeit der Landschaft als eigenes Thema ist in der Kunstgeschichte eine relativ neue Erkenntnis, hat sich aber im 20. Jahrhundert durchgesetzt. Da wir mobiler geworden sind, mehr sehen und es heute ein großes Angebot transportabler Materialien zum Malen und Zeichnen gibt, ist es für den Künstler leichter geworden, direkt auf die Landschaft zu reagieren. Das Resultat sind zahlreiche Arbeiten, die sich sowohl der Naturbetrachtung als auch technischen Herausforderungen stellen.

Viele Elemente einer Landschaft sind veränderlich. So ändert z.B. der Boden seine Oberfläche und Farbe aufgrund anderer Licht- und Wetterbedingungen. Die Vegetation verändert sich mit den Jahreszeiten. Von Stunde zu Stunde wird derselbe Platz zahllose Variationen aufweisen. Das große Potential für Interpretation, Darstellung und Technik, das eine Landschaft zu bieten hat, verlangt von Ihren Skizzen eine klare Intention. Angesichts der Vielfalt müssen Sie selektieren. Die Impressionen von Landschaften, die auf diesen Seiten gezeigt werden, demonstrieren das jeweilige Interesse des Künstlers an seinem Thema.

Persönliche Interpretation

Komposition und Farbe wirkungsvoll einsetzen

Projekt 29

Daphne Casdagli
Bleistift
10,8 x 14,6 cm

Die ineinandergreifenden Formen der Felder und Hügel machen die Landschaft interessant (rechts). Sie sind hier zu Blöcken aus Linien und Tönungen geworden. Horizont und Himmel erfuhren eine stärkere Tönung, was die Balance eines Landschaftsbildes umkehrt.

Stan Smith
Wasserfarbe
22,9 x 30,5 cm

Hier bildet die Landschaft den Hintergrund, da der zentrale Bereich der Zeichnung der Kran ist, der neben dem Wasser emporragt. Jedoch trägt jedes Element zum Gesamteindruck bei. Die künstlichen Formen des Krans und der Boote kontrastieren mit dem natürlichen Flickenteppich der Felder. Die Farben umfassen eine zarte Palette von Blau zu Grün und von Gelb zu Braun. Es gibt beim Aufbau des Bildes eine eindeutige Betonung der Horizontalen, und die Verbindungen der Farben und Töne des Wassers und Himmels sorgen für eine einheitliche Komposition.

FARBE BEI DER LANDSCHAFTSDARSTELLUNG

In vielen Landschaften finden Sie eine Dominanz von Grüntönen, die von einer Palette Braun- und Gelbtönen begleitet werden. Wenn Sie mit Wasser- oder Pastellfarben, mit Buntstiften oder Kreide arbeiten, achten Sie darauf, daß sich Ihr Blick von der scheinbar einheitlichen Farbgebung nicht trüben läßt.

Seien Sie bereit, die Farbvariationen zu übertreiben, so daß sie, wenn sie sich zu einem Ganzen zusammenfügen, einen klareren Eindruck von den unterschiedlichen Landschaftselementen geben. Experimentieren Sie einmal damit, Blau-, Gelb-, Rot- und sogar Lilatöne in das Grün zu mischen. Sie werden gänzlich andere Farbwerte erhalten. Setzen Sie Farbakzente, zum Beispiel Blumen in strahlenden Farben, die unter Bäumen und Gräsern zu finden sind, oder atmosphärische Lichteffekte – auch wenn man sie kaum sehen kann –, um die Möglichkeiten der Ton- und Farbvariation zu steigern.

John Elliot
Pastell
22,9 x 30,5 cm

Die kräftigen Farben und die Pastell-Struktur ermutigen zu einer kühnen Ausführung. Diese Skizze ist ungewöhnlich, weil hier den Tönen und Farben von Himmel und Erde gleiches Gewicht gegeben wurde. Die kräftigen Pastellstriche wurden auf dunkles Papier aufgetragen.

John Lidzey
Bleistift und Wasserfarbe
15,2 x 45,7 cm

Diese Farbskizze (oben) zeigt zwei Hauptelemente: die räumliche Perspektive der eingefaßsten Straße, die mittig nach hinten verläuft, und die Atmosphäre des bewölkten Himmels, der alle Farben dämpft. Die strenge Graphik des Verkehrsschildes ist ein kontrastreicher Mittelpunkt. Die Szene ist lebendig beschrieben und vermittelt viele Details, obwohl sie in Wasserfarbe und Bleistift schnell und locker gearbeitet wurde.

Bringen Sie die Struktur der Komposition in Relation zu Ihrem Interesse am Motiv, aber auch zu der Zeit, die Sie auf die Skizze verwenden können. Wenn Sie einen ganzen Tag an einem Ort verbringen können dann möchten Sie vielleicht eine große, detailreiche Ansicht zeichnen. Sollten Sie unter Zeitdruck stehen, könnten Sie eine Serie von Grundlagenskizzen, auf denen Sie jeweils ein Detail darstellen, anfertigen.

Judy Martin
Gouache und Buntstift
25,4 x 40,6 cm

Die Striche (rechts) gleichen verwobenen Zweigen eines Baumes, durch die Himmel, Land und Wasser gebrochen hindurchscheinen. Deckende Farben wurden in Schichten übereinandergelegt, um diesen Effekt zu erzielen.

Neil Meacher
Bleistift
11,4 x 35,6 cm

Die Betonung der Horizontalen in der Landschaft wird in dieser Zeichnung besonders herausgestellt. Das doppelseitige Format ergibt ein Bild, das viel breiter als hoch ist. Die Tiefe zwischen Vordergrund und Horizont ist beschränkt. Die Zaunpfähle an der Straße wandern gleichsam über die gesamte Breite durch das Bild.

Elisabeth Harden
Wasserfarbe
40 x 41,9 cm

Bei dieser Skizze handelt es sich nicht um eine im Freien gefertigte Arbeit, sondern um die Kopie eines Originals von David Gentleman. Sie wurde angefertigt, um die Darstellung des fließenden Rhythmus' einer Schlucht zu untersuchen.

BEGRENZUNGEN IN EINER LANDSCHAFT

- *Vertikale Akzente – Bäume, Hügel, Klippen, Vorsprünge an Felsen, Gebäude und andere künstliche Formen, etwa Hochspannungsleitungen, Telefonmasten, Zäune, Wände.*
- *Horizontale Akzente – Felder, Straßen, Flüsse, niedrige Pflanzen wie Gras, Büsche und Hecken, flache künstliche Formen, aufgeschichtete Steine, ausgedehnte Wolkenformationen.*
- *Räumliche Beziehungen – Position der Horizontlinie, die den Land/Himmelkontrast bildet, allgemeine Tiefe und Beziehungen innerhalb des Vordergrunds, Mitteldistanz und Hintergrund, eingeschlossene Elemente wie Höhlen, Täler und Flußverläufe im Kontrast zu offenen, flachen oder aufsteigenden Flächen, die sie umgeben.*
- *Oberflächenstrukturen und Muster – Gras, Blattwerk, Blumen, Wasser, Steine und Felsen, Fußwege und Straßen, gepflügte und bepflanzte Felder, Bäume und Wälder, Ziegel- und Steinwände, landwirtschaftliches Gerät und Gebäude.*

Projekt **30**

Die Beobachtungsgabe schärfen

Ein Element besonders hervorheben

THEMEN

Stadtansichten

In mancherlei Hinsicht ist der grundlegende Charakter einer Stadtansicht leichter zu erfassen als der einer Landschaft. Eine Stadtansicht hat ein klar definiertes Gerüst und feste Strukturen, eine Landschaft hingegen kann formlos und veränderlich sein.

Außerdem ist heute der Stadtbereich für die meisten Menschen ein natürliches Umfeld geworden und für das Skizzieren im Freien am leichtesten zu erreichen. Auch ist es oft so, daß für Reisende die Orte und Städte die eigentlichen Höhepunkte ihrer Reise darstellen, und daß die Einzelheiten dieser Aufenthalte ihrer Erinnerung die Würze verleihen.

Für jemanden, der Skizzen von Architekturmotiven anfertigen möchte, ist die Perspektive ein wesentliches Problem. Müssen Sie die Regeln zur Darstellung dreidimensionaler Strukturen in einem zweidimensionalen System kennen oder nicht? Wenn Sie sich dazu entschlossen haben, die Theorie zu ignorieren und Ihrem Auge zu vertrauen, warum sieht das Bild auf dem Papier dann manchmal so verkehrt aus?

Ein grundsätzliches Verständnis für die Prinzipien der Perspektive kann beim Skizzieren von Städten nützlich sein, ist aber nicht unbedingt eine Voraussetzung. Eine der Hauptabsichten des Skizzierens ist ohnehin die Schulung der Beobachtungsgabe. Deshalb müssen Sie bei einem so durchstrukturierten Motiv auch aufmerksamer sein. Seien Sie aber nicht besorgt, wenn Ihre Linien nicht gerade und Ihre Abmessungen nicht genau sind. Wie Sie an den hier gezeigten Beispielen sehen können, kann eine aktivere Linienführung zusammen mit den unvermeidbaren Verzerrungen, die in solchen Skizzen immer auftreten, zu der Lebendigkeit des Bildes entscheidend beitragen.

Außerdem wollen Sie ja auch nicht eine architektonische Untersuchung Ihres Motivs abliefern, sondern dessen unmittelbare Wirkung festhalten. Manche Künstler versuchen, Frontansichten zu vermeiden, weil sie flach und uninteressant aussehen können, und bevorzugen eine schräge Sicht, die den Flächen und Ecken eine deutliche Unterbrechung gibt. Aber für einen Künstler, der

John Lidzey
Bleistift und Wasserfarbe
22,9 x 15,2 cm

Nacht ist ein Motiv, das man schwer in den Griff bekommt, besonders, wenn man mit Farben arbeitet. Die feinen Töne sind in den vorherrschenden dunklen Tönen nicht leicht auszumachen. Wasserfarbe ist ein gutes Material, da Sie die Farbvariationen langsam aufbauen können. Die durchsichtige, flüssige Qualität kann eine ganze Reihe von Lichteffekten ausdrücken.

Ray Evans
Wasserfarbe
Maße unbekannt

In dieser atmosphärischen Skizze einer quirligen Stadt wird die Architektur mit genügend Details dargestellt, um einen klaren Eindruck ihrer Besonderheit zu gewinnen. Die später aufgetragene Wasserfarbe ist in relativ dunklen Tönen gehalten, jedoch verleiht die Verwendung von feinen Komplementärkontrasten der Komposition Lebendigkeit. Die Menschen und Bäume im Vordergrund bringen Leben in die starre architektonische Ansicht.

STADTANSICHTEN ANALYSIEREN

- *Die Gesamtansicht – suchen Sie nach interessanten Punkten und ungewöhnlichen Blickwinkeln. Gebäude aus der Vogel- oder Froschperspektive hinterlassen einen ganz anderen Eindruck als zum Beispiel eine Frontansicht aus Augenhöhe. Ziegelstein- und Eisenkonstruktionen sowie interessante Details an Türen, Fenstern, Balkonen, Stuckelementen etc. können selektiv eingesetzt werden, um die Basisform zu beleben.*
- *Architektonische Details – ob Sie nun eine volle Ansicht eines Gebäudes gezeichnet haben oder nicht, manchmal ist es ein bestimmtes Detail, das Ihre Aufmerksamkeit auf sich lenkt. Eine schnelle Skizze seiner ungewöhnlichen Form oder Farbe liefert Ihnen brauchbares Grundlagenmaterial für spätere, aufwendigere Arbeiten. Das ist besonders nützlich an fremden Orten, wo Ihnen alles neu und faszinierend erscheint. Aber auch an altvertrauten Lokalitäten können Sie noch viele interessante Dinge entdecken, die Ihnen bislang nicht aufgefallen sind.*
- *Kontraste – die meisten Städte bestehen aus einer Mischung neuer und alter Architektur und haben mit Bäumen und Blumen bepflanzte Bereiche, die im Kontrast zur künstlichen Qualität der Gebäude stehen. Sie können in einer Straßenszene aber auch die Bewegungen der Menschen und des Verkehrs als Kontrast zu den festen Strukturen einsetzen.*

von Details fasziniert ist, bietet eine Fassade einen großen Reichtum an eher zufälligem Material. Die Vielfalt städtischer Motive bietet Ihnen eine ideale Gelegenheit, das Potential Ihrer Materialien auszuschöpfen. Ziegelwerk mit einem Bleistift zu zeichnen ist etwas anderes als es mit Wasserfarben zu skizzieren. Untersuchen Sie vertraute Strukturen daraufhin, wie sie neu interpretiert werden können.

Elisabeth Harden
Zeichenstift
21 x 28,6 cm

Der Stift, der hier benutzt wurde, zeichnet eine gleichmäßige, feste Linie, die nicht sehr ausdrucksstark ist. Die Künstlerin hat jedoch sehr frei gearbeitet, so daß dieses formale Element ihrer Skizze noch zusätzliche Lebendigkeit verleiht (oben).

Sherman Hoëflich
Bleistift, Kreide, Filzstift
Maße unbekannt

Der Künstler hat sich in Stil und Technik für eine halb-naive Form entschieden, die an die lebendige Einfachheit von Kinderzeichnungen erinnert. Schlichte Linienführung und kräftige Farben übersetzen das Durcheinander der kleinen Häuser in diesem französischen Dorf. Ein konventioneller strukturiertes Bild hätte diesen Charme vielleicht nicht so vermitteln können (unten).

Moira Clinch
Bleistift
7 x 38,1 cm

Diese aufwendige Bleistiftskizze (unten) nimmt alle Details und Strukturen einer Häuserzeile auf. Veranden, Zäune und Markisen schaffen Muster innerhalb des Gesamtgerüsts. Die horizontale Betonung der Komposition schaltet einen breiteren Zusammenhang aus und lenkt die Aufmerksamkeit ausschließlich auf den Charakter der dargestellten Häuser.

Ian Simpson
Tinte, Bleistift,
Wasserfarbe
Maße unbekannt

Eine andere Perspektive ermöglicht es Ihnen, Details zu betrachten, die Sie aus einem normalen Blickwinkel nie hätten sehen können. Dachansichten schaffen komplexe, geschichtete Muster, die sehr interessante Oberflächen aufweisen. Hier sind sie mit den Mustern der Häuserfassaden in Vogelperspektive kombiniert.

Aktstudien sind seit Jahrhunderten Stützpfeiler der Künstlerausbildung. Auch heute sind sie noch immer ein klassisches Thema für Studenten wie für erfahrene Künstler. Ein Grund dafür ist, daß der menschliche Körper – ob nun nackt oder bekleidet – schon immer das Hauptinteresse der Maler oder Bildhauer auf sich zog. Ein anderer Grund besteht darin, daß der Körper ein kompaktes und greifbares Beispiel all derjenigen formalen Elemente ist, die den Künstler interessieren:

Projekt 31

Linien, Tönungen und Farben

Die Körperproportionen analysieren

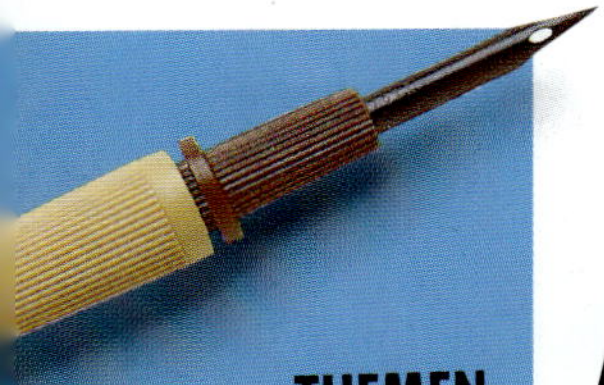

THEMEN

Aktstudien

Struktur, Form, Umfang, Kontur, Farbtöne und -details. Die angedeutete Bewegung, die sogar bei einer statischen Pose vorhanden ist, versetzt all diese Elemente innerhalb einer einzigen Form in Spannung.

Die einfachste Möglichkeit, eine objektive Studie des menschlichen Körpers anzufertigen, besteht darin, an einem Kunstkurs teilzunehmen, in dem Sie mit einem professionellen Modell arbeiten können, das eine Pose so lange einnehmen kann wie Sie es wünschen. Mehrere der Zeichnungen, die hier gezeigt werden, stammen aus der Aktklasse einer Kunstschule. Weniger leicht ist es dagegen, eine Körperstudie zuhause anzufertigen: Finden Sie mal jemanden, der bereit und fähig ist, eine Pose zu halten. Das ist eine schwierigere Aufgabe als es zunächst erscheint. Ebenso schwierig ist es, den Körper eines Freundes oder des Partners einem wertfreien und objektiven Blick zu unterziehen. Die beste Lösung ist, daß Sie schnelle Skizzen machen, so daß Sie nicht abbrechen müssen, wenn sich Ihr Modell bewegen muß. Außerdem wird so die Sitzung nicht zu lang oder zu einer lästigen Pflicht für Künstler und Modell.

Genau wie beim Skizzieren anderer Motive erzielt man auch hier wieder gute Resultate, wenn man sich vorher klarmacht, wo das Hauptinteresse liegt. Schnelle Skizzen eines Körpers lassen nur wenig Möglichkeiten für detaillierte Anatomiestudien zu. Skelett- und Muskelgerüst interessieren wahrscheinlich weniger als der allgemeine Eindruck des Körpers, die weiteren Formen, die Harmonie der Figur, das Gewicht und die Bewegung. In dem Maß, wie Sie bei den Kör-

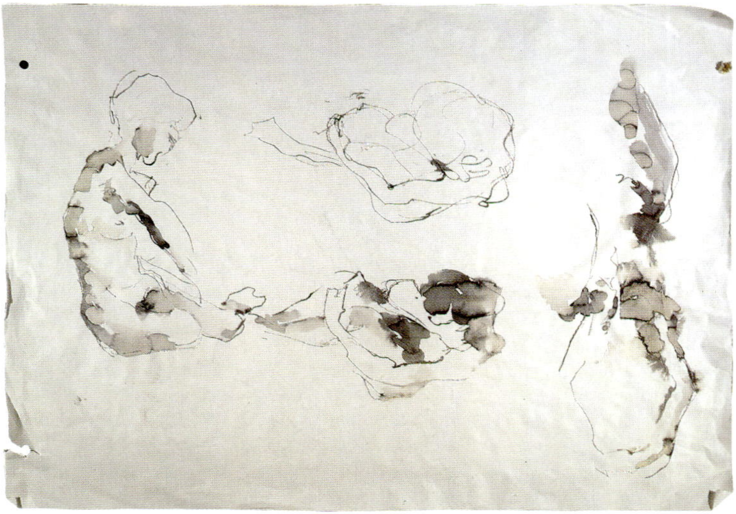

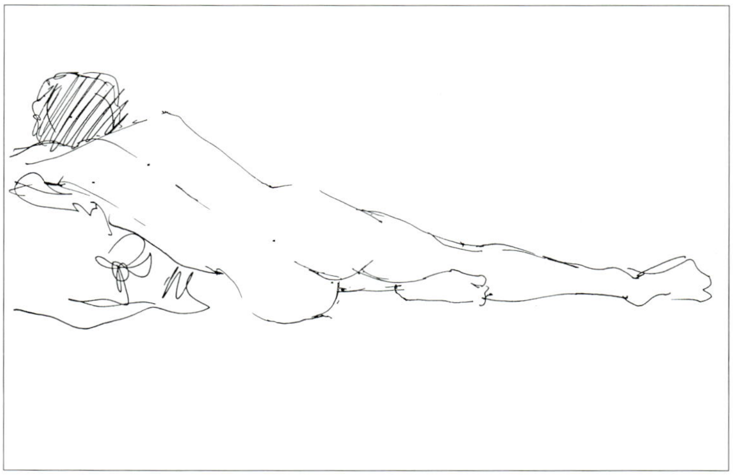

perstudien voranschreiten, werden Sie feststellen, daß Sie eine Menge an Informationen über die Struktur des Körpers aufnehmen, auch wenn Sie am Anfang wenig über Anatomie wissen.

Bei der einfachen Umrißzeichnung eines Körpers können die Konturen äußerst ausdrucksstark sein, bezogen auf das, was innerhalb der Form passiert. Vielleicht möchten Sie lieber Farbtonstudien ausprobieren, die für die Beschreibung von Gewicht und Umfang mehr Spielraum geben. In diesem Fall sollten Sie für dramatische Lichteffekte sorgen, die Teile des Körpers in Schatten tauchen. Der Körper in Bewegung ist eine besondere Herausforderung (siehe auch Seite 34 und 35), jedoch können Bewegungsstudien Sie dazu ermutigen, technische und optische Lösungen auszuprobieren.

Elisabeth Harden
Schreibtinte
58,4 x 81,3 cm

Diese Zeichnungen (links) befassen sich nicht so sehr mit den Formen und Umrissen des Modells, sondern mit dem Fluß der körpereigenen Bewegung. Die Linien umspielen die Formen. Die Vermischung stützt die Interpretation.

Stan Smith
Bleistift
29,2 x 42 cm

Diese ungewöhnliche Körperstudie im Freien (oben) zeigt, wie sich Körper unter besonderem Blickwinkel verzerren. Beachten Sie die gedrungenen Formen der rechts liegenden Person, die aus dem Blickwinkel des Betrachters nach hinten verschwindet.

John Elliot
Füller und Tinte
28 x 35,6 cm

Bei dieser Demonstration für eine Aktklasse (links) hat sich der Künstler auf eine sehr skizzenhafte Darstellung der Gestalt beschränkt. Winkel und Festigkeit der Pose sind sichtbar; ebenso, daß das volle Körpergewicht auf dem Bett ruht.

Stan Smith
Kreide
22,9 x 15,2 cm

Diese flüssige Konturenskizze nutzt die Eigenschaft des Materials, um Volumen und Haltung des Körpers nur durch die Umrisse zu beschreiben.

Stan Smith
Bleistift
50,2 x 37,5 cm

Die Ungezwungenheit dieser Komposition (links) zeigt, wie man beliebige Ereignisse nutzen kann, um sie in einer bemerkenswerten Skizze festzuhalten. Hier handelt es sich vielleicht um eine Übergangsphase zwischen dem Posieren und dem Ende des Unterrichts. Der Künstler bemerkte dabei sofort die faszinierende Dynamik.

Daphne Casdagli
Bleistift
24,1 x 36,8 cm

Der Körper in Bewegung ist eine wirkliche Herausforderung (unten). Der beste Weg, mit dem Motiv zurechtzukommen, besteht darin, so schnell wie möglich zu skizzieren, und zu versuchen, eher die Bewegung zu umreißen als nach anatomischer Genauigkeit zu streben. Ein Tanz- oder Fitness-Studio ist der ideale Ort, um Körper in Bewegung zu skizzieren.

Stan Smith
Bleistift und Pastell
51,4 x 77,5 cm

Eine auffällige und dramatische Behandlung einer Personengruppe. Die Formen wurden mit einem Bleistift auf einem komplett grauen Untergrund skizziert, dann wurden kräftige Lichteffekte mit gelber Pastellfarbe aufgetragen. Durch Details wie Stühle und Bett hat der Künstler jeder Figur einen Ort innerhalb des horizontalen Bildformats gegeben. Ein schwaches Bleistiftgitter unterteilt die vertikale Fläche.

TECHNIKEN FÜR AKTSTUDIEN

- *Linienführung – wenn Sie einfaches Zeichenmaterial wie Bleistift, Kugelschreiber oder Filzstift benutzen, lassen Sie Ihre Hand die Körperformen flüssig nachzeichnen. Lassen Sie beim Zeichnen Ihre Fehler auf dem Papier stehen. Benutzen Sie sie vielmehr als Mittel, um eine bessere Lösung zu finden. Wenn Sie ständig radieren oder immer wieder neu anfangen, dann ist es sehr wahrscheinlich, daß Sie dieselben Fehler wieder und wieder machen.*
- *Farbtonstudien – dafür können Sie Bleistift, Tinte, Pastell- oder andere Farben benutzen. Setzen Sie das Modell so unter eine Lichtquelle, daß sichtbare Licht- und Schattenvariationen auf dem Körper entstehen. Haben Sie keine Hemmungen, die unterschiedlichen Töne in Ihrer Skizze zu übertreiben. Sie können besonders dramatische Effekte erzielen, wenn Sie in Ihrer Arbeit nur etwa drei Töne für helle, mittlere und dunkle Werte benutzen, so daß Sie gezwungen sind, definitive Entscheidungen zu treffen. Mit etwas Übung werden Sie feststellen, daß sich so die Zeichnung ganz leicht als eine Einheit herstellen läßt.*
- *Farbstudien – die Bandbreite reicht von feinen Farbnuancen mit Buntstiften, Pastellfarben oder Wasserfarben bis hin zu kräftigen, dick aufgetragenen Studien in deckenden Gouache- oder Acrylfarben. Suchen Sie bei den Hauttönen nach zarten, warmen und kalten Variationen und versuchen Sie auch, in den Schatten und Lichteffekten Farbe zu finden. Präsentieren Sie diese mit Nachdruck, da zu wenig Oberflächenvariationen bei Farbtonstudien dazu führen, daß die Form in Ihrer Skizze verflacht.*

THEMEN Menschen

Wenn man sich Menschen als Motive wählt, gibt es viele Verbindungen zu Körperstudien und Porträtzeichnen. Um den Charakter einer Person einzufangen, ihre besondere Erscheinung und Aktivität, muß man nicht unbedingt ein Porträt anfertigen. Auch geht es bei Menschenstudien nicht im wesentlichen um anatomische Details oder formale Posen. Für einen Künstler sind Menschen diejenigen Motive, die auf der ganzen Welt am leichtesten verfügbar und am beständigsten sind. Durch alle Perioden der Kunstgeschichte hindurch sind sie der Mittelpunkt der Komposition und Darstellung gewesen. Bei Einzelpersonen haben Sie die Möglichkeit, die körperliche Form, Proportionen, Eigenschaften des Gesichts sowie unterschiedliche Kleidung, Gesten und Aktivitäten zu studieren. Bei einer Menschengruppe ergibt sich eine besondere Dynamik dadurch, daß die Unvorhersehbarkeit ihrer Interaktionen das Potential an interessanten, optischen Elementen ins Unendliche steigert.

Möglichkeiten, Menschen zu skizzieren, sind reichlich vorhanden. Natürlich findet man die Bewohner fremder, exotischer Landstriche besonders anziehend. Aber in Ihrer eigenen Nachbarschaft können Sie dieselbe Faszination spüren, wenn Sie aufmerksam werden für Menschen, die einen besonderen Charakter haben und optisch so interessant sind, daß sie einer Skizze etwas Ungewöhnliches, Ausdrucksstarkes oder Unterhaltendes geben.

Die Art, wie Sie Menschen skizzieren, kann sehr von der jeweiligen Situation abhängen. Wenn Sie zum Beispiel in einer Hotelhalle oder einem Flughafengebäude warten müssen, dann sind die Menschen um Sie herum leicht verfügbare und interessante Motive. Aber wie gehen Sie bei diesen Zeichnungen vor? Kritzeln Sie ein bißchen, damit die Zeit schneller vergeht? Üben Sie Zeichentechniken? Sammeln Sie Material für spätere Arbeiten?

Das Interesse an einer Person geht nicht nur auf das Gesicht oder auf körperliche Merkmale zurück, sondern auf Details bei Kleidung und Accessoires, die auch etwas über die Person aus-

Projekt 32

Details beobachten, die Charakter ausdrücken

Daphne Casdagli
Tinte und Wasserfarbe
14 x 10,8 cm

Es ist sehr interessant, Menschen zu begegnen, die eine ganz andere Kultur und Lebensweise haben. Sie können exzellentes Material für Ihr Skizzenbuch sein. Diese farbige Skizze von südamerikanischen Frauen, die ihre Kinder auf dem Rücken tragen, ist eine ungewöhnliche und farbenfrohe Arbeit.

Stan Smith
Füller und Tinte
50,8 x 31,8 cm

Die Technik dieser Zeichnung ist relativ einfach, jedoch ist daraus eine sehr eindrucksvolle Charakterstudie geworden. Haltung und Gestaltung der Figur geben einen Eindruck vom Alter des Modells und davon, wie sehr es in seine Beschäftigung vertieft ist. Die klare Linienführung und die hinzugefügten, verschmierten Stellen geben dem Bild zusätzliche Tiefe und Nachdruck.

Neil Meacher
Bleistift und Kreide
17,8 x 11,4 cm

Die Stilisierung dieses Bildes gibt ihm etwas karikaturhaftes, beschreibt aber auch die Stimmung und den Charakter des Modells. Die Proportionen und Winkel des Körpers unterstreichen die hingeworfene, entspannte Pose.

Suzie Balazs
Bleistift und Buntstift
24,8 x 21 cm

Diese Frauen, einheitlich in fließende Röcke gekleidet, wurden sehr fein dargestellt. Zarte Bleistiftlinien und weiche Farben geben den Rhythmus der Gruppe wieder und betonen ihn.

Stan Smith
Acrylfarbe
47,6 x 38,1 cm

In dieser frei gearbeiteten Skizze für ein Leinwandgemälde wurde das gesamte Motiv mit so viel Kraft und Farbigkeit dargestellt, daß man die Menschen eher zufällig sieht. Sie haben jedoch dank der ungehemmten Pinselführung eine lebendige Präsenz. Die hellen Farben heben ihre Körper aus den Gelb- und Grüntönen heraus.

Stan Smith
Kugelschreiber
21 x 30,5 cm

Ein Figurenensemble ist für die Darstellung ebenso interessant wie eine Einzelperson. Doch findet in Gruppenansichten per se eine Art optischer Interaktion statt (rechts oben). Die flüssige Linienführung dieser Zeichnung ergab sich auch durch den Charakter des Materials. Kugelschreiber sind üblicherweise flott und ausdrucksstark und leicht zu handhaben.

Stan Smith
(rechts) Bleistift
62,9 x 50,2 cm
(ganz rechts) Zeichenstift
22,9 x 30,5 cm

Wenn Sie Kinder skizzieren, dann beachten Sie, daß sie natürlich in Form und Proportion ganz anders als Erwachsene sind. Der Kopf ist in Relation zum Körper viel größer, die Gesichtszüge haben eine kleinere Fläche, und die Posen und Gesten von Kindern sind viel geschmeidiger, lockerer und freier.

sagen. Noch ein praktischer Hinweis: Fremde zu skizzieren ist eine heikle Angelegenheit. Häufig fühlen Menschen sich geschmeichelt, daß sie für so interessant gehalten werden, was aber nicht garantiert, daß sie auch mit dem Ergebnis einverstanden sind. Üben Sie sich also ein wenig in Takt und Zurückhaltung.

Suzie Balazs
Bleistift
14 x 19,7 cm

Hier handelt es sich um genau die Art von Skizze (oben), die anzufertigen Sie sich auf Reisen in einem fremden Land immer gewünscht haben. Die alltäglichen Aktivitäten der Einheimischen liefern immer neues Material für Sie als Künstler, da Sie sie mit neugierigen Augen sehen.

DETAILS BEI MENSCHEN

- *Charakteristika des Gesichts – beobachten Sie den Gesichtsausdruck, der eine Reaktion auf ein spezielles Ereignis andeuten kann oder eine Lebenshaltung im allgemeinen. Die Gelegenheit, einen Fremden zu skizzieren, ist meist flüchtig, finden Sie also die wesentlichen Elemente des Gesichtsausdrucks so schnell wie möglich heraus.*
- *Haltungen und Gesten – bei bekleideten Menschen können Sie die eigentliche Form des Körpers und der Gliedmaßen nicht immer sehen. Es gibt jedoch viele verräterische Details in der Körperhaltung und dem Verhalten, die Beiträge zu einer Charakterstudie leisten können: die Position von Beinen und Füßen in einer sitzenden Pose, Gesten der Arme und Hände, die allgemeine Körpersprache.*
- *Kleidung und Accessoires sind an sich schon interessant, aber es ist auch faszinierend zu beobachten, in welcher Beziehung sie zum Körper stehen, ob sie die Körperform verbergen oder betonen. Die Oberflächen und Muster der Stoffe und die Art, wie die Kleider getragen werden, können Ihnen dabei helfen, den Charakter des Motivs zu betonen.*
- *Körperdetails – vielleicht können Sie nicht alle Details in der Skizze unterbringen, vielleicht mißlingt Ihnen aber auch etwas, während der Rest der Skizze in Ordnung ist. Nutzen Sie, wenn möglich, die Gelegenheit, eine Detailstudie anzufertigen.*

Das Wesentliche bei einem Porträt ist die Ähnlichkeit. Sie ist es, die das Porträt grundsätzlich von einer allgemeineren Studie des menschlichen Körpers oder eines bestimmten Menschentyps unterscheidet. Überzeugende Ähnlichkeit herzustellen ist schwieriger als es zunächst erscheint. Vielleicht gelingt Ihnen eine zufriedenstellende Darstellung der Gesichtszüge, der Töne und Farben. Und doch vermissen Sie den grundlegenden Charakter der bestimmten Person, sowie diejenigen Elemente des Gesichtsausdrucks und der Körperhaltung, durch die alle, die Ihr Modell kennen, die Darstellung sofort identifizieren würden.

Für ein Porträt kann es hilfreich sein, wenn Sie ein Modell haben, das für Ihre Skizze posiert. Sie haben dadurch die Möglichkeit, in aller Ruhe zu beobachten, vielleicht eine Reihe von Skizzen anzufertigen, jeden Aspekt der Person zu untersuchen, um so vielleicht Grundlagenskizzen für ein späteres Porträt zu sammeln. Bestimmte Aspekte der Gesichtszüge sind vielleicht schwerer darzustellen als andere. Es ist zum Beispiel schwierig, die Augen so zu zeichnen, daß sie korrekt und ausdrucksstark sind. Sie sollten deshalb zunächst mit mehreren Detailstudien untersuchen, welche Form die Augen haben, und wie ihr Ausdruck zu der Charakterstudie Ihres Modells beiträgt. Es ist nicht immer nötig, ein detailreiches Porträt zu zeichnen, um eine überzeugende Ähnlichkeit herzustellen. Manchmal reichen schon wenige Linien, wenn sie gut gewählt und ausgeführt sind.

Es gibt verschiedene Formen eines Porträts: Kopf, Kopf und Schulter, Halbfigur und Ganzporträt. Wenn Sie Teile des Körpers mit aufnehmen, haben Sie es auch mit Kleidung und Accessoires zu tun, die für die Beschreibung des Charakters wichtig sein können.

THEMEN

Porträts

Suzie Balazs
Bleistift
24,8 x 21 cm

Hier handelt es sich um eine klassische Porträtskizze (oben), eine in Linienführung und Schattierung einfache Bleistiftzeichnung. Sie gibt überzeugend Dreidimensionalität und Charakter des Modells wieder.

Projekt 33

Ähnlichkeit erreichen

Stimmung und Atmosphäre herstellen

Ray Evans
Tinte und Kreide
14 x 19,7 cm

Das Interesse eines Porträts kann auch der charakteristischen Tätigkeit einer Person gelten oder der Frage, wer er oder sie ist (links). Diese Studien von Musikern stellen die Individuen dar, zeigen aber auch die Konzentration und Geschicklichkeit, die für den Beruf, den beide ausüben, wesentliche Voraussetzungen sind.

Stan Smith
Bleistift
14,6 x 20,3 cm

Farbtonstudien (links) können Stimmung, aber auch Ähnlichkeit schaffen. Das wird in diesen zwei Skizzen auf unterschiedliche Weise erreicht. Bei dem Porträt des Kindes wird durch die gestrichelten Linien der Eindruck erweckt, als ob der Kopf sich drehen würde. Obwohl die Linien in eine Richtung verlaufen, erzeugen sie Dreidimensionalität. Das Erwachsenenporträt baut dagegen die Form durch Schraffierung eher konventionell auf.

EINDRUCKSVOLLE PORTRÄTS

- *Versuchen Sie eine eher ungewöhnliche Ansicht von Ihrem Modell zu finden, etwa eine Schrägsicht von oben oder unten oder ein Vollprofil.*
- *Benutzen Sie Licht, um Stimmung oder Charakter darzustellen. Richten Sie ein starkes Licht von der Seite auf das Modell, um Schatten auf die Flächen von Gesicht und Kopf zu bringen.*
- *Bauen Sie eine Situation so auf, daß sie eine interessante Atmosphäre schafft: setzen Sie das Modell in einen riesigen Sessel oder vor ein Fenster. Benutzen Sie Schals oder Schmuck, um das Gesicht zu betonen, plazieren Sie ein besonders kontrastreiches Element hinter oder neben dem Modell, einen auffällig gemusterten Vorhang oder eine Topfpflanze.*

Stan Smith
Verschiedene Materialien
61,6 x 41,3 cm

Dieses Vollporträt enthält Variationen von Form, Oberfläche und Farbe, die den unterschiedlichen Materialien entsprechen. In dieser Farbskizze hat der Künstler sie frei eingesetzt, um die verschiedenen Aspekte des Bildes darzustellen. Die Linien in Tinte wurden mit Wasserfarbe und Kreiden koloriert.

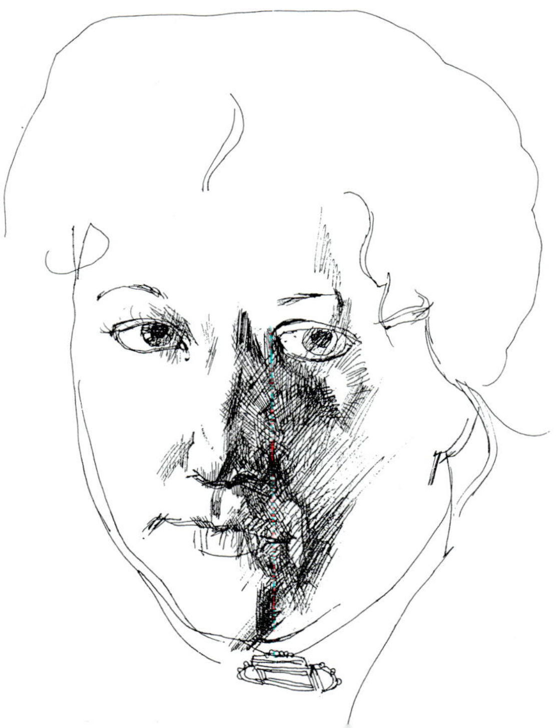

Stan Smith
Füller und Tinte
57,2 x 45,1 cm

Der Kontrast zwischen der sparsamen Strichführung des Gesamtporträts und der dichten Schraffierung auf einem Teil des Gesichts läßt vermuten, daß das Bild unvollendet ist (links). Um auf diese Weise Schatten mit einem Füller zu zeichnen, muß man geduldig und konzentriert arbeiten. So wie das Bild sich jetzt präsentiert, ist es durch die extremen Töne recht dramatisch.

Moira Clinch
Bleistift
35,6 x 45,1 cm

Dieses reizende Blatt hat ein zufälliges Element (oben). Die Künstlerin hat schrittweise eine Reihe von Porträts zu einem faszinierenden Bild komponiert, das voller Charakter und Details steckt. Jede Person wurde gut beobachtet, und das Zusammenspiel verleiht den Seiten eine reiche Struktur.

Stan Smith
Bleistift
50,1 x 37,5 cm

Gerade wenn Sie ein lineares Medium verwenden, müssen die Töne nicht als geschlossene Fläche oder in dichten Abstufungen angelegt werden. In dieser Zeichnung wurde die Schattierung sehr frei aufgetragen. Der Zeichencharakter bleibt erhalten. Dennoch fügen sich die Flächen und Formen zu einer festen Gestalt zusammen.

Tiere gehören zu den attraktivsten, aber auch herausfordernsten Motiven beim Skizzieren. Die unglaubliche Vielfalt im Tierreich bietet unendlich viele verschiedene Formen, Strukturen, Farben und Oberflächen. Bei lebendigen Motiven ist die Bewegung ein grundlegender Aspekt. Beherrschen Sie den Moment der Bewegung, dann werden Ihre Skizzen am Ende so aussehen als hätten Sie Spielzeugtiere gezeichnet. Das nächstliegende Tiermotiv ist das Haustier der Familie.

Projekt 34

Gestalt und Gestik beobachten

In Bewegung skizzieren

Oberflächen sichtbar machen

THEMEN

Tiere

Katzen und Hunde liefern zahllose Bewegungen und Posen. Je mehr Sie mit dem Tier vertraut sind, desto wichtiger ist es, es sich objektiv zu betrachten. Auch wenn Sie gerade nicht zeichnen, können Sie doch die besonderen Formen und Bewegungen erfahren, die das Wesen dieses Tieres ausmachen. Wenn Sie zu Hause arbeiten, können Sie allmählich alle Techniken und Materialien ausprobieren.

Viele Künstler arbeiten gern im Zoo, weil dort die Tiere in ihren Bewegungen eingeschränkt sind und häufig immer wieder dieselben Abläufe wiederholen. So kann man Details feststellen, die man beim ersten Mal völlig übersehen hat. Und außerdem: Je exotischer das Tier, desto größer die Vielfalt an Form, Farbe und Struktur, die mit den gewählten Materialien und Techniken miteinander in Einklang gebracht werden müssen. Vielleicht möchten Sie mehrere Studien unterschiedlicher Tiere anfertigen, oder Sie konzentrieren sich auf eine einzige Spezies oder Tiergruppe. Es lohnt sich, einen ganzen Tag damit zuzubringen. Denken Sie aber auch daran, daß Sie zu Hause noch Zeit zum Nacharbeiten brauchen.

Mark Baxter
Bleistift und Tinte,
jedes Blatt
21 x 29,2 cm

Diese Skizzenbuchseiten versammeln Studien von Hunden und Pferden. Die Skizzen reichen von Gesamtdarstellungen bis zu Einzeldetails in Bewegung und Struktur (ganz links, Mitte). Die Linien wurden schnell und mit Gefühl gezeichnet, um Form und Oberfläche einzufangen. Ein Haustier steht für eine ausgiebige Studie leicht als Motiv zur Verfügung, und wie bei den Hundezeichnungen hier kann die Vertrautheit durchaus zum Charme und zum Charakter der Darstellung beitragen.

Mark Baxter
Bleistift und Füller
21 x 29,2 cm

Bei der Zeichnung links läßt das Gitter über der Hundeskizze vermuten, daß der Künstler es als Teil einer größeren Arbeit benutzt hat, denn damit kann er das Bild vergrößern.

Judy Martin
(ganz links) Wasserfarbe
(links) Filzstift
29,9 x 21 cm

Diese Seiten stammen aus einem Skizzenbuch, das voller Katzenbilder ist, bei denen unterschiedliche Ansätze und Techniken ausprobiert wurden. Die Filzstiftskizzen sind schnelle Bewegungsstudien, die auf dem Blatt fast wie Diagramme übereinander gearbeitet wurden. Mit Wasserfarbe wurden Spuren anderer Farben in den ansonsten schwarzen Fellen der Katzen dargestellt.

Stan Smith
Verschiedene Materialien
Unterschiedliche Maße

Bei diesen Skizzen hat der Künstler sein Material und die Tiere auf kreative Weise in Übereinstimmung gebracht. Die Öltechnik auf dem Fell des Ozelots vermittelt eine kraftvolle Textur. Das Grau des Elephanten ist mit sehr zarten Gelb- und Graugrüntönen ausgedrückt. Das Lama wurde fließend mit Pinsel und Wasserfarbe gemalt. Das Gesicht des Affen ist mit brauner Tinte über einer Bleistift- und Pastellzeichnung gearbeitet.

Peter Partington
Bleistift und Wasserfarbe
jedes Blatt 14,6 x 40,6 cm

Die immense Vielfalt der Vogelwelt wird schon auf diesen wenigen Skizzenbuchseiten deutlich, was auch erklärt, warum einige Künstler sich ihr ganzes Leben lang auf dieses Motiv konzentriert haben. Hier wurden einfache Materialien benutzt. Die Technik hat sich dem Wesen des jeweiligen Motivs angepaßt. Ob in Ruhestellung oder im Flug, die Vögel können aufgrund des geschulten Auges des Künstlers schnell identifiziert und charakterisiert werden. Wenn Sie Tiere in deren natürlichem Lebensraum skizzieren wollen, dann kann das mitunter frustrierend sein, weil die Tiere oft verschwinden, ehe Sie Ihre Skizze fertig haben. Sie brauchen also genauso viel Übung im Beobachten wie im Zeichnen, um Ihre Wahrnehmungs- und Beobachtungsfähigkeiten zu schärfen.

VOGELSTUDIEN

Die meisten freilebenden Tiere sind scheu. Meistens scheitert der Versuch, sie in ihrem natürlichen Lebensraum zu zeichnen. Vögel kann man allerdings ganz gut in Freiheit skizzieren. Wenn Sie eine Gruppe derselben Spezies entdecken, können Sie frei von dem einen zum nächsten Tier übergehen und sich die gemeinsamen Charakteristika notieren. Wenn Vögel baden oder gefüttert werden, bleiben sie vielleicht lange genug an einer Stelle, damit Sie sie zeichnen können. Eine besondere Faszination liegt im Studium fliegender Vögel, denn dann offenbart sich ihre körperliche Struktur in einer anderen Weise, als wenn sie sich auf dem Boden befinden.

Unter die Kategorie Natur können eine Reihe von Themen fallen. Landschafts- und Tierstudien behandeln natürliche Formen, Stilleben bestehen häufig aus Dingen aus der Natur. Die Skizzen, die für diesen Abschnitt ausgewählt wurden, haben eher den Charakter jener Naturstudien, die man früher in der Schule betrieb. Es geht darum, etwas von einer natürlichen Form zu lernen, ihre Struktur, ihre Umrisse, Farben oder ihre Details. Parallel dazu lernt man, die geeigneten Materialien für ihre Darstellung zu finden. Einige der Naturstudien müssen natürlich im Freien stattfinden: die Konfiguration einer Baumreihe, die Zusammensetzung von Felsschichten, die Kompliziertheit einer Dornenhecke. All diese Motive müssen in Relation zu ihrer Umgebung gesehen werden. Sie können aber auch zu Hause oder im Atelier an Dingen arbeiten, die Sie draußen gesammelt haben (Informieren Sie sich erst über die örtlichen Bestimmungen, was das Pflücken von Pflanzen und Blumen angeht, bevor Sie irgendetwas mitnehmen). Vielleicht können Sie aber auch Topfpflanzen oder Blätter und Zweige, die Sie in Ihrem eigenen Garten gefunden haben, benutzen. Auch Muscheln, Fossilien, Steine oder Insekten, eignen sich gut als Motive für Skizzen.

Da es sich hier meist um kleine und unbewegliche Motive handelt, können Sie sie zunächst in aller Ruhe studieren. Ihre Zeichentechnik muß also nicht so eilig sein, wie bei einer Straßenszene oder einem Zufallsporträt. Testen Sie hier auch den Einsatz unterschiedlicher Mate-

THEMEN

Natur

Projekt 35

Detaillierte Beobachtung von Form, Struktur und Muster

Stan Smith
Acrylfarbe
24,8 x 48,9 cm

Mit Acyrilfarben können Sie Schicht auf Schicht legen, und obwohl sie normalerweise für größere Arbeiten benutzt werden, sind sie hier in dieser Detailstudie sehr gut eingesetzt worden. Der Kopf der Distel wurde mit vielen übereinandergelegten Pinselstrichen in verschiedenen Braun- und Gelbtönen und mit Lichteffekten in Weiß gemalt. Der Schatten, der mit lockeren Strichen dargestellt wurde, verbindet das Bild mit dem Papier.

Stan Smith
Tinte und Wasserfarbe
40,6 x 30,5 cm

Die fließende und durchsichtige Qualität der Wasserfarbe wurde in diesem klassischen Blumengemälde (links) genutzt. Das Bild erscheint sehr detailliert, aber es wurde sehr raffiniert mit einfachen Mitteln ausgearbeitet. Die flüssige Farbe wurde benutzt, um den Blättern Form zu geben, und mit Pinseltupfern wurden Lichtakzente auf die Blumenblätter gesetzt.

Elisabeth Harden
Wasserfarbe
29,2 x 20,3 cm

Die freie Pinselarbeit, die in dieser Farbskizze (links) eines Schmetterlings angewandt wurde, schuf ein offenes, halbabstraktes Bild, auf dem die Form des Tieres nicht sogleich sichtbar wird. Es war der Gesamteffekt von Farbe und Muster, der die Künstlerin interessierte, weshalb Form und Kontur bei dieser Arbeit eher nebensächlich sind.

Elisabeth Harden
Bleistift und Kreide
41,9 x 50,8 cm

Eine ungewöhnliche Technik wurde angewandt, um die flaumigen Sporen der Pflanze darzustellen (unten). Die Muster der feinen Fäden wurden mit einem Schlüssel auf die Papieroberfläche gekratzt, dann wurde das Graphit aus einem 6B Bleistift vorsichtig darübergerieben, wodurch die Linien weiß erscheinen.

rialien, um ganz besondere Kombinationen zu schaffen. Die rauhe Oberfläche eines Steins oder die scharfen Umrisse und Muster eines großblättrigen Laubwerks könnte doch genausogut mit Bleistift, Pastell oder Gouache gezeichnet werden. Bei glänzenden Effekten, den Flügeln eines Vogels oder eines Schmetterlings, glitzernden Fischen und Blumen, denkt man gleich an die transparenten Eigenschaften der Wasserfarben.

Neil Meacher
Bleistift
(links) 20,3 x 14,6
(unten) 14,6 x 21 cm

Die knappen Bleistiftnotizen von Blumenstengeln und Blättern zeigen, wie das Auge des Künstlers wie zufällig interessante Details aufgreift, die vielleicht für sich selbst stehen bleiben oder aber später in ein anderes Bild übernommen werden sollen. Die Skizzen unten sehen fertiger aus und sind über die Seiten hinweg sehr interessant miteinander verbunden.

Judy Martin
Bleistift
50,2 cm x 39,4 cm

Die Blattformen dieser großen Zimmerpflanze sind sehr elegant (oben links), und die Absicht dieser Bleistiftskizze war, das Muster der Blätter und Stengel so sauber und klar wie möglich zu reproduzieren. An manchen Stellen sind durch das Radieren der weichen Bleistiftlinien blasse Töne entstanden.

Judy Martin
(oben) Bleistift und Gouache 50,2 x 31,8 cm;
(unten links) Bleistift 50,8 x 39,4 cm

Diese beiden Beispiele stammen aus einer Serie von Skizzen über Blätter und Topfpflanzen, die am Fenster stehen. Nicht alle Details, die an dem Motiv zu sehen sind, wurden auch in der Skizze dargestellt. Sie sind eher der Versuch, die Formen sowie den Rhythmus des natürlichen Stillebens ganz allgemein zu erfassen, um dann Bilder zu schaffen, die diese Elemente enthalten.

DAS DESIGN DER NATUR

Versuchen Sie einmal, sich jene Strukturen und Muster natürlicher Gegenstände genau anzusehen, die auf ihr Wachstum und ihre Funktion verweisen. Diese grundlegenden Strukturen vermitteln Informationen über Designsysteme in der Natur, die uns Inspirationen für die Entwicklung anderer Bilder oder sogar für das Design von Gegenständen geben können.

Motive, die aus dem häuslichen Bereich stammen, bieten Ihnen vielfältiges Material und darüber hinaus den Vorzug, mit Muße arbeiten zu können. Sie können in Ruhe eine Skizzenserie anfertigen, die sich mit demselben Motiv oder derselben Ansicht beschäftigt, oder aufwendigere Farbstudien durchführen. In jedem möblierten Zimmer lassen sich unendlich viele Motive finden. Die grundlegende Struktur der Innenarchitektur ist bereits ein Motiv: sie führt die Perspektive ein. Fenster und Türen eröffnen Oberflächenstrukturen, ungewöhnliche Lichteffekte und Blicke in angrenzende Räume geben einer Skizzenkomposition Tiefe und interessante optische Effekte.

Projekt 36

Innenlicht einfangen

Vertrautes neu gestalten

Details isolieren

THEMEN

Innenräume und Stilleben

Wie Möbel in einem Zimmer gruppiert sind, könnte ein zufälliges Stilleben sein. Die festen Oberflächenstrukturen von Holz, Plastik und Metall oder die fließenden Formen und zarten Konturen von weichen Einrichtungsgegenständen wie Vorhängen, Polstern, Teppichen, sie alle stellen Musterelemente dar (siehe auch Seite 82–83), die Ihre Skizzen durch die unterschiedlichen Formen und Farben beleben können.

Pflanzen, Blumenarrangements, Ornamente und Obstschalen werden als ansprechende Motive für Stilleben sofort erkannt, vernachlässigen Sie aber die vertrauteren und profaneren Gegenstände in Ihrem Haus nicht: eine zufällige Anhäufung von alltäglichsten Utensilien, die auf einer Küchenanrichte verteilt liegen, Einkäufe, die aus einer Supermarkttüte hervorquellen, Gartengeräte, die neben der Tür stehen, die Pinsel, Farben und Buntstifte, die in Ihrem Atelier herumliegen, auf einem Bett oder Stuhl abgelegte Kleidung. Da es sich hier eher um funktionale als um dekorative Elemente handelt, übersieht man ihr optisches Potential sehr leicht. Jedes Motiv ist eine gute Übung für Skizziertechniken. Probieren Sie Materialien und Methoden, die Sie normalerweise nicht einsetzen, Pastell- und andere Farben oder sogar Collage-Elemente. Innenräume und Stilleben sind seit vielen Jahrhunderten Übungsfelder für Künstler, die ihre Wahrnehmung weiterentwickeln wollen. Einer der Gründe, warum

Stan Smith
Wasserfarbe
45,1 x 28,6 cm

Ein einfaches Blumenarrangement ist ein sehr schönes Motiv für ein Stilleben und außerdem leicht zu finden. In dieser Skizze wird daraus eine komplexe Darstellung von Muster und Oberfläche durch den locker fallenden Vorhang und die kleine Figur. Alles wurde direkt in Wasserfarbe gemalt.

Daphne Casdagli
Bleistift und Wasserfarbe
21 x 14,6 cm

Dies ist genau die Art von Allerweltsanblick, der Sie erwartet, wenn Sie irgendeinen Raum betreten (links). Aus dem Arrangement von Tisch und Stühlen wurde eine Farbtonstudie, die kühle Grau- und warme Brauntöne zueinander in Kontrast stellt. Durch diese Interpretation erhält die Zeichnung eine düstere Stimmung.

Stan Smith
Tinte und Wasserfarbe
29,9 x 40,6 cm

Glas ist für eine Stillebenstudie ein faszinierendes Element (oben). Die Muster, die von dem durchscheinenden Licht erzeugt werden, schaffen ungewöhnliche Details innerhalb der einfachen Struktur. Diese Komposition weist eine gefällige Symmetrie auf. Der Künstler läßt den Farben und Strukturen freien Lauf.

diese Bereiche noch immer so beliebt sind, liegt darin, daß sie so leicht verfügbar sind. Außerdem haben sie mit menschlichen Maßstäben und menschlicher Präsenz zu tun. Es geht um die Orte, wo wir wohnen, und auf eine gewisse Weise sind es auch soziale Darstellungen. Darum kann es äußerst interessant sein, eine menschliche Figur oder eine Figurengruppe in einen Innenraum zu integrieren.

Elisabeth Harden
(links und oben)
Bleistift, Tinte und Gouache
jedes 29,2 x 22,9 cm

Diese Zeichnungen verarbeiten Motive, die Sie jederzeit ganz leicht in Ihrem Haus finden können. Hier sind sie als Möglichkeit für technische Experimente genutzt worden. Die Seiten des Skizzenbuchs wurden angefeuchtet, bevor die Farbe aufgetragen wurde, um eine fließende Arbeitsweise zu ermöglichen, bei der sich zufällige Effekte durch die zusammenfließenden Farben einstellten. Praktischer Hinweis: Feuchtes Papier, das nicht glattgezogen wird, wird wellig. Denken Sie daran!

Stan Smith
Wasserfarbe
29,9 x 40 cm

Hier handelt es sich um ein recht ungewöhnliches Motiv, aber der Künstler hat das Potential erkannt und eine treffende Komposition angefertigt. Der Vogel unter der Glaskuppel gibt den Bildelementen eine Symmetrie, die zu glatt erscheinen könnte, wenn nicht der Fensterbereich auf der linken Seite mit seinen hellen Farben eine Balance zu dem Vogel herstellte. Die reduzierte Farbwahl unterstreicht den Eindruck von flirrendem Licht, das in ein dunkles Zimmer eindringt.

Die Aussicht auf ein oder zwei Tage Ferien, oder einen längeren Urlaub an einem exotischen Ort begeistert jeden passionierten Zeichner. Hier finden sich vor allem neue, interessante Motive. Hinzu kommt die Energie, die sich einstellt, wenn man am fremden Ort ausspannen und das Leben genießen kann, ohne ein Auge auf die Uhr werfen zu müssen. Hier kann der Künstler gleichzeitig Beobachter und Teil der Situation sein.

Projekt 37

Einen Ort einfangen

Licht analysieren

THEMEN

Urlaub

Es gibt unterschiedliche Formen der Urlaubsskizze. Einige sind wie eine Reportage, die Sie überall anfertigen können. Anders als zuhause finden Sie im Urlaub Motive, die für Sie ungewöhnlich oder fremd sind. Antike oder malerische Städte, Bergdörfer, Straßenmärkte, Schiffsdocks, Strandcafés – all diese interessanten Plätze lassen sich überall auf der Welt finden. Wenn Sie im Urlaub sind, achten Sie vielleicht nur deshalb mehr darauf, weil sie pittoresker als die Orte in Ihrer Heimatstadt sind. Strukturen, Komposition, Farbe und Detail sind sich jedoch ähnlich, gleich, um welches Motiv oder welchen Ort es sich handelt. Es könnte aber auch sein, daß Sie nicht so sehr das objektive Bild der Szene oder Ansicht interessiert als vielmehr die Stimmung und Atmosphäre, die dem Leben und der freien Zeit an einem fremden Ort das gewisse Etwas geben. Auch können Sie auf Themen stoßen, die Ihre besondere Aufmerksamkeit auf sich lenken. Der Strand zum Beispiel kann eine zwanglose Lektion im Studium des menschlichen Körpers geben.

Elisabeth Harden
Zeichenstift
21 x 29,2 cm

Diese Landschafts- und Staatszenen fangen die Wärme und den Müßiggang einer Urlaubsstimmung ein. Das Skizzenbuch hat hier die klassische Funktion eines visuellen Tagebuchs, das Orte und Ereignisse festhält.

Judy Martin
Filzstift und Marker
jeweils 12,7 x 21 cm

Diese Bildserie (rechts) soll eher die Idee als die Realität eines Urlaubs darstellen. Jedes Bild basiert auf dem, was die Künstlerin gesehen hat. Viele der Details jedoch stammen aus unterschiedlichen Quellen, und die einzelnen Skizzen haben fast schon einen Collage-Effekt. Sie sind sehr schnell und mit einfachen Materialien gearbeitet. Die hellen Farben sollen an die optischen Eigenschaften von Urlaubspostkarten erinnern.

Moira Clinch
Bleistift
29,2 x 42 cm

Dieses Bild (oben) zeigt mit viel Humor und Feingefühl eine typisch englische Urlaubssituation. Sein Charme rührt auch daher, daß es absichtlich unvollendet ist. Der großen leeren Fläche stehen die aufwendigen Details der Figuren und der Seebrücke gegenüber. Die Figur auf der rechten Seite ist von der gemütlichen Gruppe im Vordergrund isoliert.

John Elliot
Tinte und wasserlösliche Pastellfarbe
28 x 35 cm

Dies ist eine Studie (rechts) für eine Serie von Strandbildern. Obwohl die Figuren dem Bild Urlaubsstimmung verleihen, stellen der flache Horizont und die Farben der offenen See Kühle her. Die Pastellfarbe wurde locker aufgetragen und Teile des Papiers blieben frei, wodurch weißes Licht entstand.

PRAKTISCHE HINWEISE

● Es ist nützlich, immer ein kleines gebundenes Skizzenbuch bei sich zu haben. Es sollte in Ihre Tasche oder Reisetasche passen. Ein harter Einband schützt die Seiten, während Sie reisen. Solche Skizzenbücher eignen sich gut, um im Freien oder an einem belebten Ort zu skizzieren. Je nach Vorliebe sollten Sie immer mit Bleistiften, Kugelschreibern oder Filzstiften ausgestattet sein.

● Denken Sie beim Packen Ihres Reisegepäcks an die Materialien, die Sie brauchen. Wenn Sie an einen besonders exotischen Ort fahren, werden Sie in Farbe skizzieren wollen. Nehmen Sie auch einen Wasserfarbkasten und Pastellfarben oder Buntstifte mit. Überlegen Sie sich, wie groß das Skizzenbuch sein darf, damit Sie es problemlos mitnehmen können. Beschränken Sie Materialien und Ausrüstung auf ein Minimum, ohne Ihre technischen Möglichkeiten zu sehr einzuengen.

● Wenn Sie vorhaben, mit Ihren Skizzen den gesamten Urlaub zu dokumentieren, dann sollten Sie unterwegs hauptsächlich schnelle Skizzen anfertigen. Mit etwas mehr Zeit oder in der Abgeschiedenheit Ihres Hotelzimmers oder Ferienappartments können Sie die Ansichten und Motive dann weiter ausarbeiten. Versuchen Sie dabei, sich für ein bestimmtes Motiv Zeit zu nehmen, so lange es noch frisch in Ihrem Gedächtnis ist, vielleicht am Morgen nach einer Besichtigungstour.

Elisabeth Harden
Zeichenstift
21 x 14,6 cm

Während Sie sich an einem fremden Ort dem Nichtstun hingeben, müssen die Einwohner ihrer Arbeit nachgehen. Die Skizze (oben) zeigt eine archäologische Ausgrabung in großer Hitze, von der Person unter dem Schirm beaufsichtigt. Die Arbeiter interessierten sich für die Skizze und schrieben ihre Namen darauf.

John Elliot
Füller und Tinte
22,9 x 30,5 cm

Der Strand im Sommer (rechts) bietet eine ideale Gelegenheit, natürliche Körperposen zu studieren. Auch finden sich interessante Requisiten, die bemerkenswerte Formen und Muster bilden. Das diagonale Arrangement gibt der Ansicht Perspektive.

Skizzieren unter Druck

Projekt 38

THEMEN

Besondere Anlässe und Orte

Bestimmte Ereignisse und Orte sind für das Skizzieren darum so interessant, weil sie aus dem gewohnten Erfahrungsrahmen herausfallen. Dazu gehören Orte, die eine bestimmte Funktion haben, ein Gericht oder ein Theater zum Beispiel, oder einmalige Ereignisse wie eine Hochzeit oder eine öffentliche Festivität, die aufgrund ihres vergänglichen Charakters unsere Aufmerksamkeit auf sich ziehen. Es liegt in der Natur einiger dieser Motive, daß die Gelegenheit, sie zu skizzieren, sehr eingeschränkt ist. Vielleicht haben Sie nur begrenzte Zeit, einen eingeschränkten Blickwinkel oder sind selbst Teilnehmer des Ereignisses und nicht so sehr Beobachter, so daß es Ihnen nicht möglich ist, sich zurückzuziehen und die Situation aus einer losgelösten Perspektive zu betrachten.

In diesen Fällen können Sie Nutzen aus Ihrer Fähigkeit ziehen, überall zu skizzieren. Wahrscheinlich werden Sie eine einfache Technik anwenden müssen und nur mit einem Skizzenbuch und einem Bleistift oder Kugelschreiber arbeiten. Der schnellste Weg, einen Eindruck von einer Situation zu erhalten, besteht in einer Strichzeichnung. Aber vielleicht möchten Sie ja Farbtöne hinzufügen, um der Skizze mehr Atmosphäre zu verleihen, weshalb Sie sich schriftliche Farbnotizen machen sollten.

Das Wesen Ihrer Skizze hängt auch von ihrer Funktion ab. Wenn sie darin liegt, einen bestimmten Aspekt des Ereignisses festzuhalten, dann können Sie die Skizze hauptsächlich als ein Dokument eines ungewöhnlichen Ereignisses betrachten. Wahrscheinlich aber werden Sie Material für zukünftige Arbeiten zusammentragen, etwa für ein Gemälde oder einen Druck, der sowohl die Details als auch die Atmosphäre der Situation zeigt.

Elisabeth Harden
Bleistift und Wasserfarbe
(links) 33 x 24,1 cm
(rechts) 59,1 x 41,2 cm

Diese beiden Skizzen sind zwei Versionen eines Bildes, das als Vorlage für einen Lithographiedruck entstand. Die ursprüngliche Idee kam der Künstlerin bei der Veranstaltung. Da sie dort aber nicht skizzieren konnte, benützte sie das Hochzeitsvideo als Vorlage. Die Details der Blumenarrangements entnahm sie Photographien. Photographien können eine nützliche Ergänzung für das Skizzieren sein.

Ray Evans
Tintenlinien und Kolorierung
Maße unbekannt

Es ist ein ehrgeiziger Schritt, solch eine umfassende Skizze zu versuchen (links). Umso größer ist die Befriedigung, wenn die Arbeit gelingt. Das Material läßt dem Künstler relativ freie Hand. Die Figuren und Gebäude sind flüssig und mit viel Liniengefühl gezeichnet. Die Kolorierung erfolgte in Tönen, die dem Bild Tiefe und Festigkeit geben. Eine komplexe Skizze dieser Art kann sich relativ frei entwickeln, aber vielleicht möchten Sie lieber mit grundlegenden Formen und Proportionen beginnen, die Ihnen helfen, die Details anzusiedeln.

John Lidzey
Bleistift und Wasserfarbe
22,9 x 30,5 cm

Die fließende, durchlässige Oberfläche der Wasserfarbe ist ideal, um mit relativ einfachen Mitteln Atmosphäre und Stimmung zu schaffen (unten). Diese plastische Darstellung eines Theaterinnenraums erfolgte in schwachen und gedämpften Tönen. Der wässrige Effekt der Farbschichten hinterläßt helle und dunkle Stellen.

Daphne Casdagli (rechts) Filzstift 12,7 x 20,3 cm; **(Mitte links) Bleistift** 14 x 13,3 cm

Zwei Bilder aus einer Serie von einer Orchesterprobe zeigen, wie unterschiedlich die Künstlerin auf das stimulierende Ereignis reagierte. Die Filzstiftskizze ist relativ präzise und zeigt die Konzentration der Musiker, die Bleistiftversion ist eine kraftvoll notierte Impression.

Stan Smith (links und Mitte rechts) Filzstift jeweils 22,9 x 30,5 cm

Skizzieren in einem Gerichtsaal muß diskret vor sich gehen. Der Künstler hat einfache Materialien gewählt – ein Skizzenbuch und einen schwarzen Filzstift. Die Zeichnungen wurden nur linear gearbeitet. Die eine beschreibt den großen Raum mit vielsagender Distanz zwischen den Personen. Die andere Skizze hält eine zentrale Ansicht fest. Auf die Papieroberfläche wurde etwas Wasser aufgepinselt, um der Strichzeichnung eine leichte Abtönung zu geben.

Das Wesen Ihres Motivs und der Charakter der Skizzen, die Sie davon angefertigt haben, können manchmal zu einer weitergefaßten Bearbeitung einladen, die einige Schritte über Ihre ursprüngliche Intention hinausgeht. Eine stilisierte Interpretation bietet sich an, wenn einige Aspekte des Motivcharakters diese Art der Darstellung nahelegen.

Wenn das ursprüngliche Bild vor allem formale Elemente wie Form, Farbe, Textur betont, liegt eine abstrakte Umsetzung nahe. Solche Umsetzungen können zu einem definitiven Bild führen, das vielleicht in einem ganz anderen Medium, wie zum Beispiel der Malerei, Druck oder Bildhauerei, dargestellt wird. Die hier gezeigten Beispiele von Baum- und Gartenstudien zeigen, daß diese Arbeitsmethode der ursprünglichen Inspiration sehr nahe bleiben oder sich sehr weit davon entfernen kann.

Das Thema der Bildentwicklung führt uns in den Bereich der Phantasie. Oft bedeutet Skizzieren, ein Bild, das vor dem inneren Auge schwebt, zu fixieren. Vielleicht basiert es auf einer Ahnung von etwas Realem, die nicht der Beobachtung, sondern der Reaktion des Künstlers entspringt.

Ideen erforschen

Verschiedene Interpretationen ausarbeiten

THEMEN

Ein Bild entwickeln

Elisabeth Harden
Bleistift und Wasserfarbe (oben und unten links) 27,9 x 19,1 cm
(rechts) 41,9 x 30,5 cm

Licht ist ein wichtiges Element in diesen drei Zeichnungen. Derselbe Baum wurde unter verschiedenen Lichtbedingungen skizziert, um zu einer freien Interpretation des Bildes zu gelangen. Das unterschiedliche Vorgehen bei den Details, dem Vordergrund und der Farbe verleiht jeder Skizze einen eigenen Charakter, obwohl das Motiv identisch ist.

Neil Meacher
(ganz links) Tinte und Wasserfarbe
20,3 x 14,6 cm
(links) Bleistift
11,4 x 17,8 cm

Der Stil, im dem ein Künstler ein Motiv interpretiert, entwickelt ein Bild über den ursprünglichen Entwurf hinaus. Diese beiden Zeichnungen demonstrieren das große Interesse des Künstlers an Form und Kontur, die er in Farbe und auch einfarbig unterschiedlich interpretierte. Die starke Betonung der Linien gibt der Arbeit ihren eigenen Charakter und Stil.

Judy Martin
(oben) Bleistift
22,2 x 29,9 cm; (eingefügt)
Bleistift und Pastell
34,9 x 22,9 cm

Diese Skizzen reduzieren die Ansicht eines dichten Waldgebiets auf das Wesentliche einer Linienstruktur. Beide Zeichnungen sind stilisiert und abstrahiert. Die Bleistiftskizze wurde direkt vor dem Original gefertigt, und die farbige Version ist eine Atelierüberarbeitung des Themas, die auf ausgesuchten Elementen der Bleistiftzeichnung basiert.

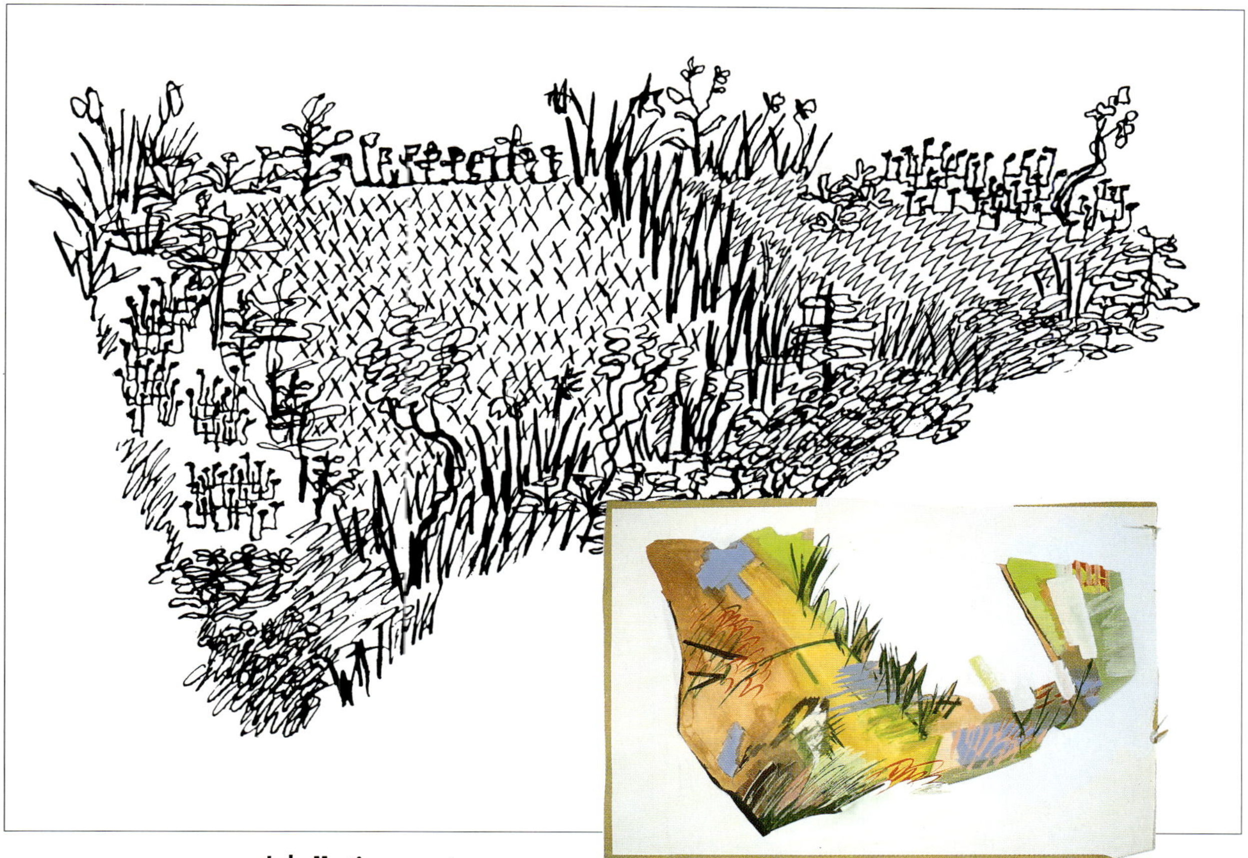

Judy Martin
(oben) Tusche; (oben rechts) Gouache und Collage; (mitte rechts) Pastell und Collage; (unten rechts) Gouache
Verschiedene Maße

Ein kleiner Blumengarten im Ödland war das Motiv für eine Reihe von Skizzen, in denen unterschiedliche Materialien und Techniken ausprobiert wurden. Sowohl Umrisse als auch innere Details des Bildes wurden auf unterschiedliche Weise weiterentwickelt. Die Verwendung des Materials und Ideen zu Farbe und Textur stellten sich fast zufällig während des Arbeitsprozesses ein.

4

Angewandtes Skizzieren

ABSCHNITT VIER

Angewandtes Skizzieren

Das Skizzieren als Aufzeichnung individueller Erfahrungen und Beobachtungen ist allen Künstlern geläufig. Für einige jedoch ist Skizzieren etwas anderes, nämlich eine Reise durch imaginäre Möglichkeiten, um sich ein konkretes, visuelles Bild von etwas zu machen, das es noch gar nicht gibt. Künstler, die aus den verschiedensten Bereichen von Kunst und Design kommen – Schöne Künste, Performances, Kunstgewerbe, Industriedesign, Architektur und Graphik-Design – benutzen Skizzen, um Ideen zu entwickeln, die dann in andere Medien umgesetzt werden. Die Beziehung zwischen der Skizze und dem Endprodukt besteht im Kopf des Künstlers. Manchmal sind die optischen Verknüpfungen sichtbar, in anderen Fällen sind sie für den zufälligen Betrachter nicht so deutlich, dem Schaffenden hingegen vollkommen klar.

EINE BOTSCHAFT VERMITTELN

Ein Faktor, der die Gestalt einer solchen Skizze beeinflußt, ist die Frage der Kommunikation. Der einzelne Künstler, der zu seiner Befriedigung an einem einmaligen Projekt arbeitet – ein Gemälde oder eine Skulptur, ein Schmuckstück oder eine Keramik – benutzt Skizzen als persönliche Quellen, die entweder die ursprüngliche Inspiration oder die Entwicklung der Idee zeigen. Für Künstler und Designer, die im Kollektiv arbeiten – beim Bühnenbild oder Modedesign, zum Beispiel –, sind Skizzen ein Kommunikationsmittel innerhalb des Design- oder Produktionsteams.
Wenn bei der Herstellung eines Objekts, das zu-

Seymour Powell

Marker werden beim Produkt-Design für schnelle Skizzen verwendet. Die Stifte modellieren die Form in Oberflächenfarbe, Licht und Schatten. Filzstifte, Füller, Pastell- oder Buntstifte setzen Details und Lichteffekte.

The Horseman Cooke Design Agency

Die Bildgraphik eines Produktlabels nimmt üblicherweise in einer Reihe von lockeren Skizzen ihren Anfang, die dann Schritt für Schritt ausgearbeitet werden (links und rechts). Der Designer benutzt das Zeichnen zum Umsetzen visueller Ideen wie zur Kommunikation mit dem Kunden.

Cesar Pelli/ Olympia and York Canary Wharf Ltd.

Häufig ist eine detaillierte Darstellung notwendig, um zu zeigen, wie sich ein geplantes Gebäude in seine Umgebung einfügt. Der Architekt macht in der frühen Entwurfsphase vielleicht Konzeptskizzen: Komplexere Darstellungen wie diese für den Canary Wharf (Turm im Hafen von London) werden von speziellen Architekturillustratoren angefertigt.

vor in einer Skizze entwickelt wurde, noch weitere Handwerker beteiligt sind, dann muß der Künstler sich in seinen Skizzen sehr klar ausdrücken.

Die Skizzen in diesem Teil des Buches sind das Werk professioneller Künstler. Für sie gehört Skizzieren zum Prozeß der Komposition oder des Designs. Die Materialien und Techniken, die sie benutzen, entsprechen denjenigen, die in den vorhergegangenen Kapiteln besprochen wurden, sind aber auf spezielle Ziele ausgerichtet. Man muß auch bedenken, daß der Prozeß der Herstellung des endgültigen Objekts – sei es ein Gemälde, ein Bühnenbild oder ein bedruckter Stoff – bestimmte technische Variationen oder praktische Einschränkungen erfordert, die häufig dazu führen, daß die Idee weit über ihren Ursprung hinaus geführt wird.

Es gibt zwei Typen von Skizzen für Gemälde. Die Skizze nach der Natur zeichnet etwas Gesehenes auf und ist Grundlage für ein später zu malendes Bild. Die Atelierskizze stellt eine weitere Phase in der Entwicklung eines Bildes hin zur gemalten Version dar. Die ursprüngliche Skizze enthält oft etwas vom eigenen Stil und der Vision des Künstlers, das die Arbeit unverwechselbar macht. Jedoch entstehen nachdrücklichere Stilisierungen, wenn zunächst eine Serie vorbe-

ANGEWANDTES SKIZZIEREN

Malen

reitender Skizzen angelegt wird, die Formen, Farben, die Tonbalance sowie die Gesamtstruktur der Komposition allmählich verfeinern.

Ein wichtiges Element dieses Prozesses ist die gesammelte optische und technische Erfahrung, die der Künstler zum Einsatz bringt. Dies spiegelt sich im Charakter der Skizze wider, stellt sich aber auch direkt im Medium und der Größe der fertigen Arbeit dar.

Stan Smith

Studien für ein Gemälde sollen zunächst vielleicht reine Vorlagen sein, können aber auch selbst bereits eine befriedigende Lösung darstellen. Details in dieser Wasserfarbskizze sind nur ansatzweise ausgearbeitet, aber der kraftvolle Einsatz der Farbe, auch der weißen, verleiht der Arbeit eine ganz besondere Präsenz.

Colin Jellicoe

Die Bleistiftskizze für das Gemälde enthält bereits spezifische Qualitäten, die dann auch in der endgültigen Version vorkommen: ein starker Kontrast in den Tönen, die Teilung der Bildoberfläche durch die vertikalen Linien der Bäume sowie eine gewisse Stilisierung der Formen. Im fertigen Bild ist die rechte Figur realistischer ausgearbeitet und die linke auffälliger geworden.

Stan Smith

Das Gemälde, das sich auf die Skizze gegenüber bezieht, ist eine getreue Übertragung der Komposition. Jedoch sind Farben und Oberfläche den deckenden Eigenschaften der Ölfarben angepaßt. Die Figuren wurden detailreich abgerundet und das Licht mit warmen Gelbtönen statt der kalten Blau-Weißtöne der Skizze gemalt.

John Lidzey

Diese Arbeiten sind beide im Atelier entstanden, fern von dem Ort, den sie darstellen, jedoch mit Hilfe von Skizzen, die dort entstanden sind (rechts). Beide orientieren sich sowohl an der Bleistiftkomposition als auch an der Erinnerung des Künstlers. Es lassen sich auch feine Neuinterpretationen finden, denn das Farbmedium bringt seine Eigenschaften in das Bild ein.

John Lidzey

Die Skizze der Eiche erschien zunächst nicht vielversprechend, und die wilde Umgebung machte das Zeichnen mühsam. Ein späterer, frischer Blick legte aber nahe, die Skizze in ein Aquarell zu überführen. Bei der unteren Skizze handelt es sich um eine Sommerszene. Der Künstler entschloß sich dann aber, das Thema als Winterlandschaft zu überarbeiten.

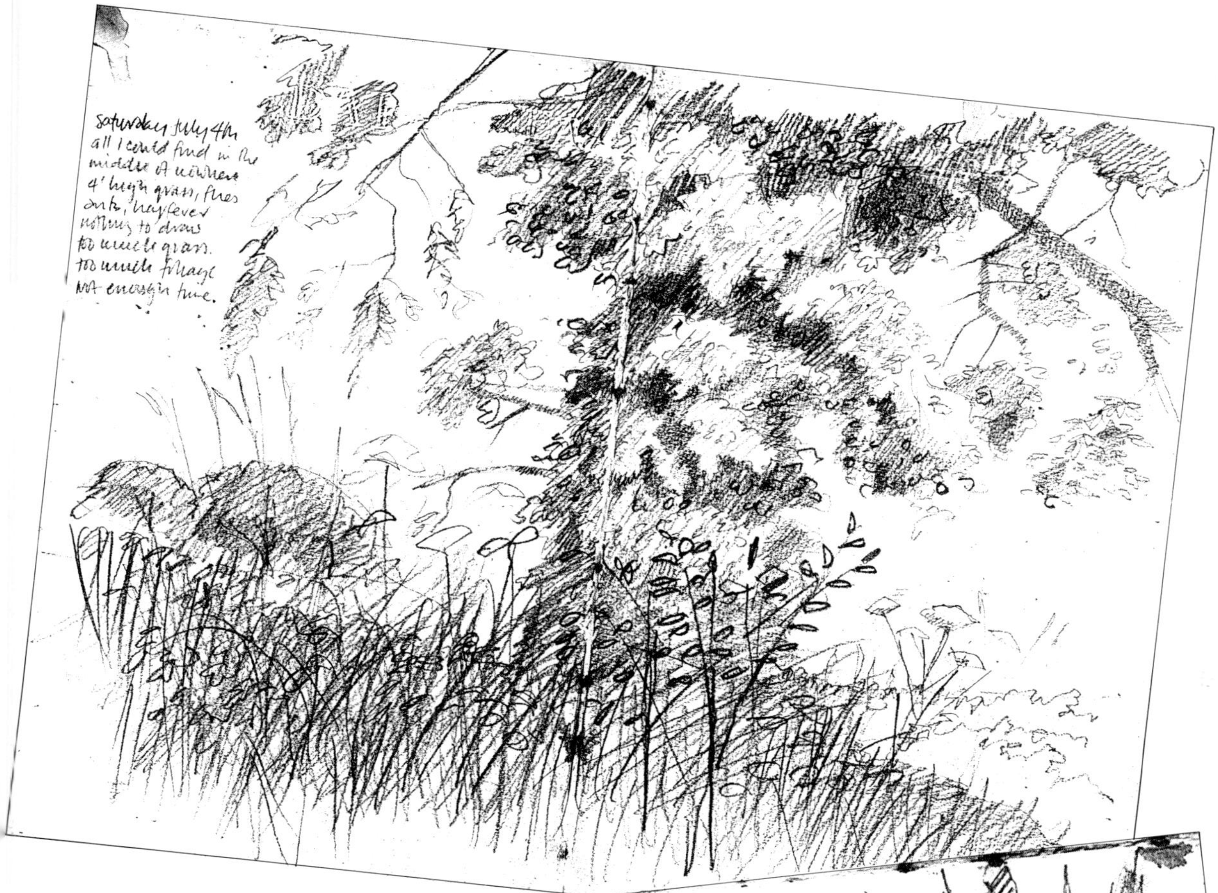
saturday July 4th
all I could find in the
middle of nowhere
4' high grass, flies
ants, hayfever
nothing to draw
too much grass.
too much foliage
not enough time.

Yaxley in the snow perhaps!

Der Unterschied zwischen Malen und Illustrieren liegt manchmal nur in der Intention. Ein Maler arbeitet an Bildern nur zur eigenen Befriedigung, der Illustrator hat einen Auftrag und vielleicht auch Anweisungen, die Motiv, Größe und Materialien betreffen. Skizzen, die im Vorübergehen entstanden, sind immer gutes Grundlagenmaterial – für manche Projekte muß man jedoch zuerst bestimmte Nachforschungen anstellen. Einige Dinge kann man mittels eines lebenden Modells oder eines Ortes herausbekommen. In anderen Fällen kann es nötig sein, eine Bücherei oder Fotografien zu Rate zu ziehen. Ein Illustrationsauftrag beinhaltet fast immer auch einen engen Abgabetermin, weshalb Erfahrung beim Skizzieren – und der Einsatz der richtigen Mittel für eine optische Umsetzung – dem Illustrator bei seiner Arbeit helfen kann.

ANGEWANDTES SKIZZIEREN

Illustration

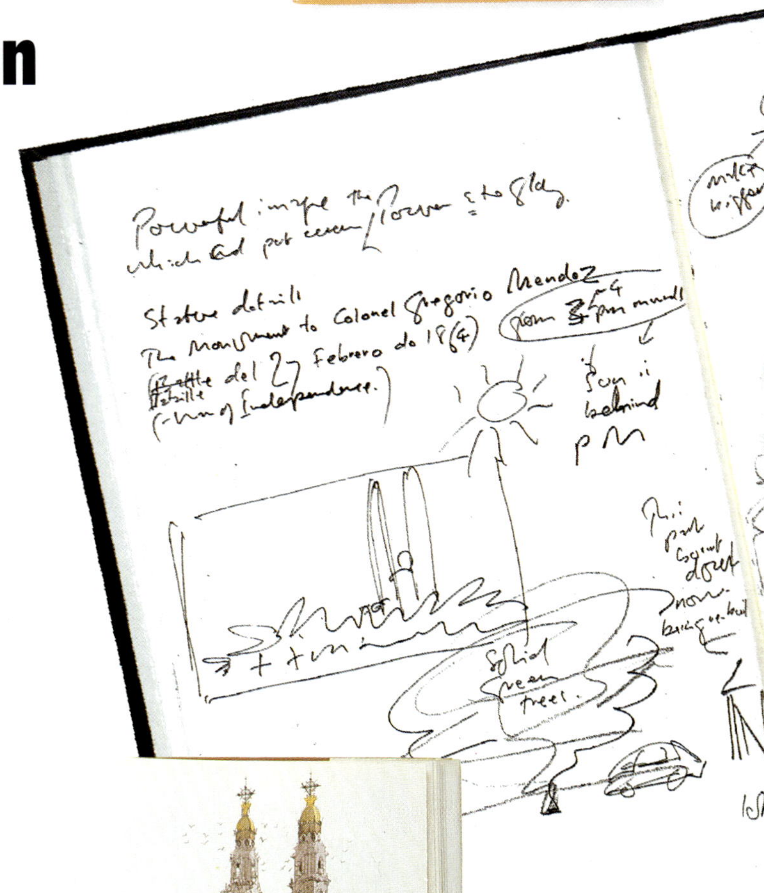

Paul Hogarth

Während einer eiligen Reise arbeitete der Künstler mit schnellen Bleistiftstrichen, Details wurden schriftlich hinzugefügt. Figuren wurden je nach Gelegenheit skizziert, um später in die Komposition eingefügt zu werden.

Paul Hogarth

Das Skizzenbuch einer Weltreise, die der Künstler für sein Album mit dem Titel „Graham Greene Land" unternommen hat. Es enthält Zeichnungen aller Örtlichkeiten, die der Autor in seinen Romanen beschrieben hat.

Paul Hogarth

Die Kathedrale von Tabasco bezieht sich auf Greenes Roman „Die Macht und die Herrlichkeit", der in Mexiko spielt. Die Vor-Ort-Skizzen, ergänzt um Illustrationen des Romangeschehens, bereiteten die Bilder des Albums vor.

ANGEWANDTES SKIZZIEREN

Bühnenbild-entwurf

Der kollektive Prozeß, der für das Zustandekommen einer Aufführung notwendig ist, verlangt, daß der Designer als Teil eines Teams funktionieren muß. Wie individuell auch sein Vorgehen sein mag, das Ergebnis, das man schließlich auf der Bühne sieht, ist durch die Beiträge anderer Mitglieder des Produktionsteams vielfach verändert worden. Schon die Gegebenheiten des Bühnenbaus haben ganz praktischen Einfluß auf den Entwurf. Dokumentarische Skizzen zu Örtlichkeiten und stilgetreuen Requisiten sind meist unerläßlich. Sie können auch das Rohmaterial des Designs klären und Imagination und Realismus zusammenbringen. Anhand dieser Skizzen kann der Designer maßstabsgetreue Ansichten des Bühnenbilds anfertigen, in die auch andere technische und optische Elemente des Bühnenbereichs einfließen.

Norman Coates

Diese Skizzen zeigen erste Entwürfe für die englische Premiere des Stücks „Kerzenlicht" von P.G. Wodehouse. Man war sich einig, daß das Bühnenbild realistisch im Stil des 19. Jahrhunderts gestaltet sein sollte. Der Künstler forschte in Büchereien und Museums-Sammlungen, um alle nötigen Details zu erfahren. Nicht nur die allgemeine Stimmung mußte aufgespürt werden, sondern jedes Element der Inneneinrichtung – Türen, Möbel, Ornamente und Oberflächendekorationen.

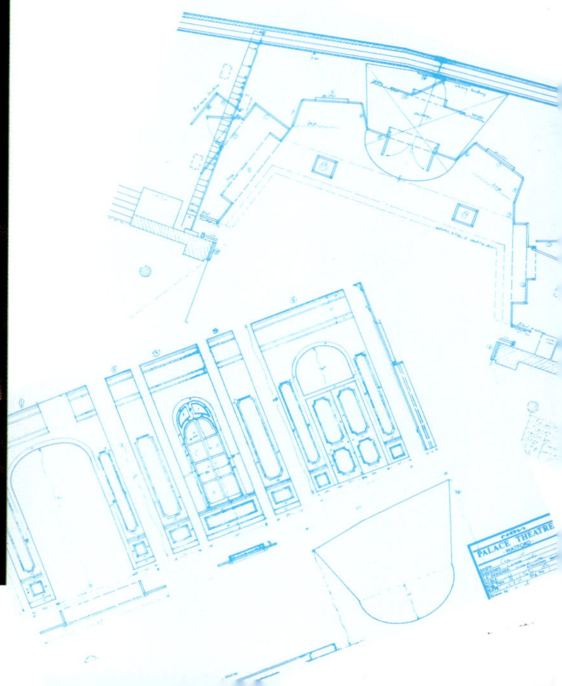

Norman Coates

Diese in Wasserfarben gearbeitete spätere Version wurde dem Regisseur des Stücks vorgelegt. Der Gesamtentwurf stand nun fest und wurde auf den Bühnengrundriß abgestimmt (links). An den Spielraum für die Schauspieler war ebenso zu denken wie an Türen zu angrenzenden Räumen.

Was für den Entwurf eines Bühnenbildes gilt, trifft auch auf den Entwurf von Bühnenkostümen zu. Skizzen helfen, jeden Schritt bei der Entwicklung des Kostümentwurfs festzuhalten, von den ersten Ideen und eher zufälligen Zeichnungen hin zu detaillierten Skizzen der Garderobe eines Charakters. Die Funktion der Skizze ist sowohl kreativ wie kommunikativ. Sie erlaubt dem Designer, seine Ideen entsprechend den Anweisungen auszuarbeiten und sie den Kollegen

ANGEWANDTES SKIZZIEREN

Kostümdesign

vorzustellen, so daß konzeptionelle und praktische Aspekte gründlich durchdacht werden können. Die Skizzen auf diesen Seiten demonstrieren, wie weitreichend die Anforderungen an Erfindungsgabe und technische Professionalität eines Designers sein können, abhängig von Stil und Art der Produktion.

Luciana Arrighi

Diese freie Skizze zu einer Othello-Inszenierung charakterisiert die Kostüme weniger durch Realismus als durch die Dramatisierung von Haltung, Gestalt und Form.

Michael Stennett

Dieser Entwurf der Kostüme für Kleopatra und Cäsar aus der Oper „Julius Cäsar“ ist detailreich und opulent. Pinselführung und Tonvarianten werden dem gerecht. Obwohl einige Details locker gearbeitet wurden, trifft die Skizze den Charakter der Periode genau.

Luciana Arrighi

Eine Charakterskizze für „Voss" vermittelt einen realistischen Eindruck der Periode. Obwohl frei gezeichnet, ist das Kostüm präzise realisiert. Die dekorative Maske für „Un Ballo in Maschera" (oben und rechts) läßt der Phantasie der Künstlerin freieren Lauf.

Sue Blane

Die Gruppe Tänzerinnen, hier im Entwurf, zeigen auf der Bühne eine kraftvolle Schwarz-Weiß- Präsenz. Diese Kostüme für die Produktion von „Mikado" der English National Opera erinnern in ihrer Kombination von Strenge und Frivolität an alte Filme.

ANGEWANDTES SKIZZIEREN

Mode

Es gibt einen eindeutigen Unterschied zwischen Modeskizzen, die während des Designprozesses angefertigt werden, und solchen, die dazu dienen, das Design einem größeren Publikum, zum Beispiel in Modezeitschriften, nahe zu bringen. In beiden Fällen jedoch ist es häufig wichtig, eine Zeichnung zu schaffen, die eher die Stimmung und den Stil der Kleidung einfängt als deren äußere Details. Aus naheliegenden Gründen können Modeskizzen auch eine Gelegenheit sein, die menschliche Gestalt kreativ darzustellen, häufig mit witzigen und schwungvollen Resultaten. Eine breite Palette von Techniken wird für Modeskizzen eingesetzt, von einfachen Strichzeichnungen bis hin zu komplexen Ausarbeitungen von Farbe, Ton und Oberfläche. Wie bei den anderen Designbereichen, die in einen speziellen Herstellungsprozeß münden, kann es auch hier passieren, daß bestimmte Details, die der Designer von Anfang an im Kopf hatte, erst in späteren Schritten deutlich werden.

Harrow College/ St. Martin's School of Art, London, Studenten im zweiten Jahr

Modezeichnungen sind häufig sehr stilisiert (oben rechts und Mitte), um die Ideen in abstrakten Begriffen von Form, Schnitt und Fluß zu zeigen. Der allgemeine Eindruck des Designs ist hier wichtig, nicht das Detail.
Eine Pinselzeichnung (Mitte) ist in diesem Zusammenhang sehr effektiv. Für Details ist eine einfühlsamere lineare Darstellung geeigneter (rechts). In diese Skizze sind außerdem Notizen zu den Stoffen für bestimmte Entwürfe aufgenommen worden.

Harrow College, Studenten im zweiten Jahr

Eine Modezeichnung kann zunächst den Stil der Kleidung darstellen, wobei Elemente wie Details, Tönungen und Texturen eingeschlossen sein können, wenn Sie wichtige Kontraste oder Gesichtspunkte verdeutlichen. Echte Stoffmuster (oben) sind Teil der Information, die der Designer in die Entwicklung der Arbeit einbringt und die den Skizzen beigefügt werden können, wenn die Ideen von anderen Modemachern und Technikern beurteilt werden müssen.

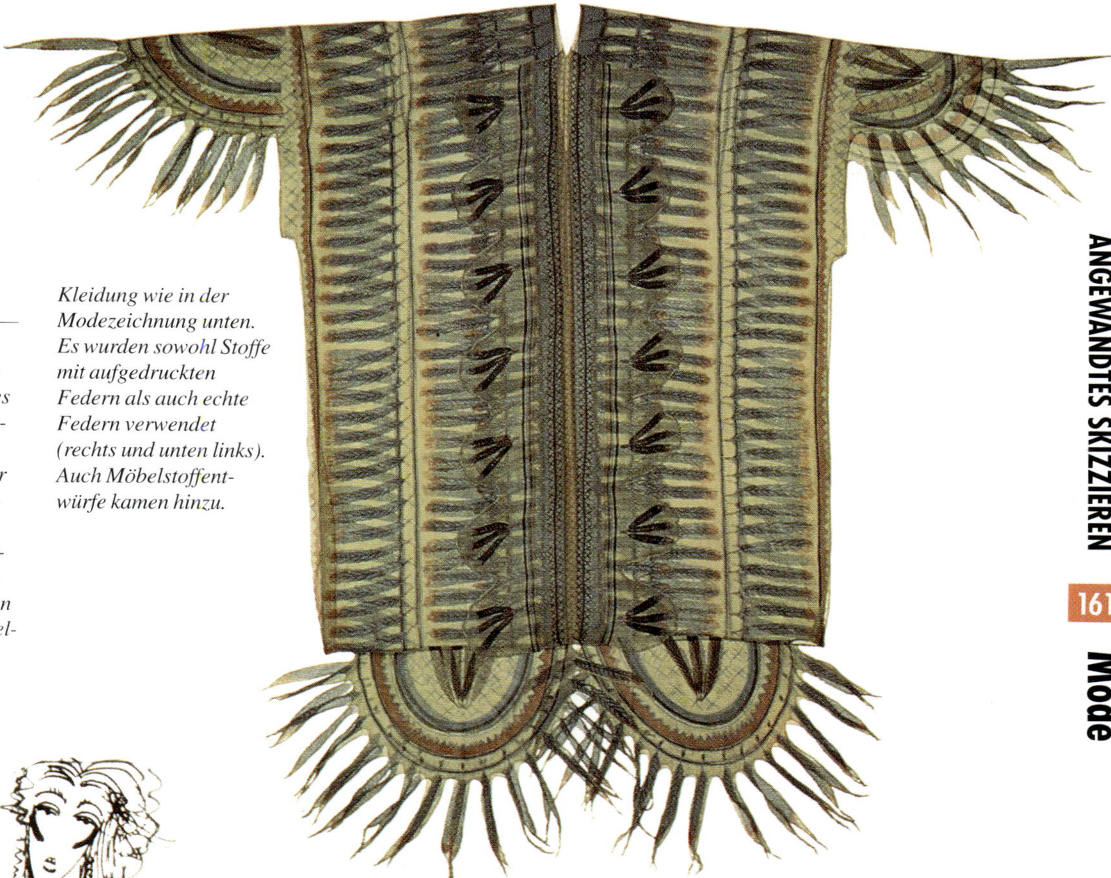

Zandra Rhodes

Alle Abbildungen auf diesen Seiten beziehen sich auf Zandra Rhodes Indian Feather-Kollektion, die durch einen Besuch im Museum der amerikanischen Indianer in New York inspiriert wurde. Die Künstlerin machte dort viele Skizzen (links und unten rechts). Diese entwickelten sich zu Ideen für Kleidung wie in der Modezeichnung unten. Es wurden sowohl Stoffe mit aufgedruckten Federn als auch echte Federn verwendet (rechts und unten links). Auch Möbelstoffentwürfe kamen hinzu.

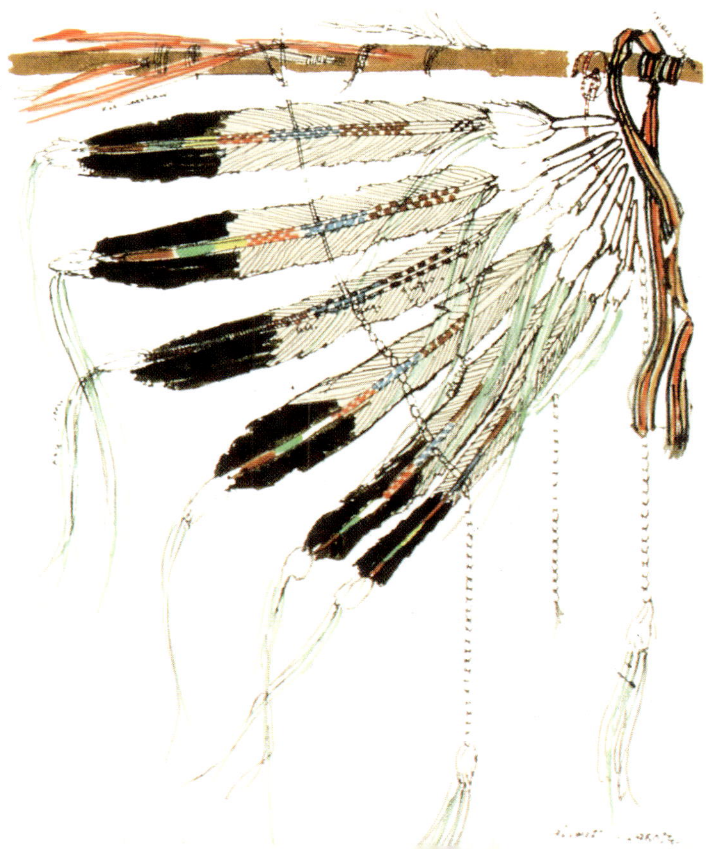

Die Materialien, die zur Schmuckherstellung benutzt werden, sind selbst so charakteristisch, daß Skizzen, die Schmuckentwürfe zeigen, mit dem fertigen Produkt nur noch wenig Ähnlichkeit haben. Wie in den hier gezeigten Beispielen zu sehen ist, sind die Skizzen eher als Inspirationen gedacht denn als konkrete Ideen für dreidimensionale Stücke. Bestimmte Formen und Farben, die in der Skizze dargestellt wurden, scheinen in der endgültigen Arbeit durch. Doch

Schmuck

sind sie während des Herstellungsprozesses reichlich modifiziert worden, so daß das Schmuckstück durch diese Umwandlung neue, wesentliche Merkmale erhalten hat. Wie bei allen Designprozessen drückt sich die Professionalität und Erfahrung des Künstlers in den Skizzen aus, die dann in der endgültigen Arbeit ihren konkreten Ausdruck finden. Der Umgang mit bestimmten Fertigkeiten und Materialien ist ein wesentlicher Teil des kreativen Prozesses. Jede Produktionsphase kann neue optische Elemente beisteuern, die typisch für das jeweilige Handwerk sind.

Zsuzsannah Morrison

Die Anregung für das Design geht auf Gemälde zurück, die Auskunft über die eigentliche Ausbildung der Künstlerin geben. Abstrakte Arbeiten vermitteln Grundideen, die dann in den Materialien für die Schmuckherstellung umgesetzt werden.

Zsuzsannah Morrison

Die Emailliertechnik ähnelt dem Malen. Transparente und deckende Emaillefarben wurden für diese Serie von Schmuckstücken benutzt. Metalle wie 18-karätiges Gold (ganz links unten) können auch ihrer Farbe wegen benutzt werden.

Zsuzsannah Morrison

Die figürliche Darstellung von Vögeln ist ein ungewöhnlicher Ausgangspunkt für eine Künstlerin, die üblicherweise abstrakt arbeitet. Die Zeichnungen entwickelten sich dann aber zunehmend zu einem abstrakten Design weiter.

Susan Barr

Viele Quellen haben Ideen für das Schmuckdesign geliefert, das auf diesen Skizzenbuchseiten dargestellt ist. Dazu gehören Arbeiten von Künstlern wie Miró und Matisse, die dekorative Architektur Barcelonas und die klassizistische von Edinburgh, Fisch- und Vogelsymbole und andere Dinge. All dies wurde in komplexen Zeichnungen miteinander verwoben, aus denen die Formen für die Schmuckentwürfe übernommen wurden.

Susan Barr

Auf diesen Skizzenbuchseiten sieht man Zeichnungen einer zweiten Phase. Hier sind die Ausgangsmotive zu abstrakteren Designs und Kompositionen weiterverarbeitet worden. In der dritten Phase, wenn die Umsetzung in Schmuckstücke ansteht, kommt auch die Qualität des Materials ins Spiel. Die Stücke sind aus Niobium gefertigt, wurden dann eloxiert, um Oxidschichten aufzubauen, die eine begrenzte Anzahl von Farben annehmen. Dreidimensionalität gibt den Motiven mehr Form als in den Skizzen.

Skizzen von Keramikkünstlern haben verschiedene Funktionen und Formen. Manchmal kann die Beziehung zwischen einer Skizze und der fertigen Arbeit eine eher indirekte sein. Wie in jedem Bereich von Kunst und Design sollten regelmäßige Quellenskizzen angefertigt werden, die interessante Motive oder Details festhalten, die dann später zu einer Idee für eine Keramikarbeit führen können. Zeichnen und Malen werden eingesetzt, um rein formale Elemente, wie Form,

Keramiken

Farbe und Oberfläche, zu untersuchen. Wenn dieses Material die Umsetzung in eine Keramikarbeit nahelegt, sollten Designskizzen folgen, die die abstrakten Elemente mit den technischen Erfordernissen in Einklang bringen, so daß die Idee schrittweise zu ihrer endgültigen Form verfeinert werden kann. Vielleicht fertigt der Künstler aber auch Modelle an.

Ewan Henderson

Landschaftsskizzen (unten links) waren das Ausgangsmaterial, das zu der Oberflächengestaltung dieses Tontopfs geführt hat. Es besteht eine starke, aber indirekte Verbindung. Die Techniken der Herstellung und des Brennens des Topfes hinterlassen ihre eigenen Spuren im Charakter der fertigen Arbeit.

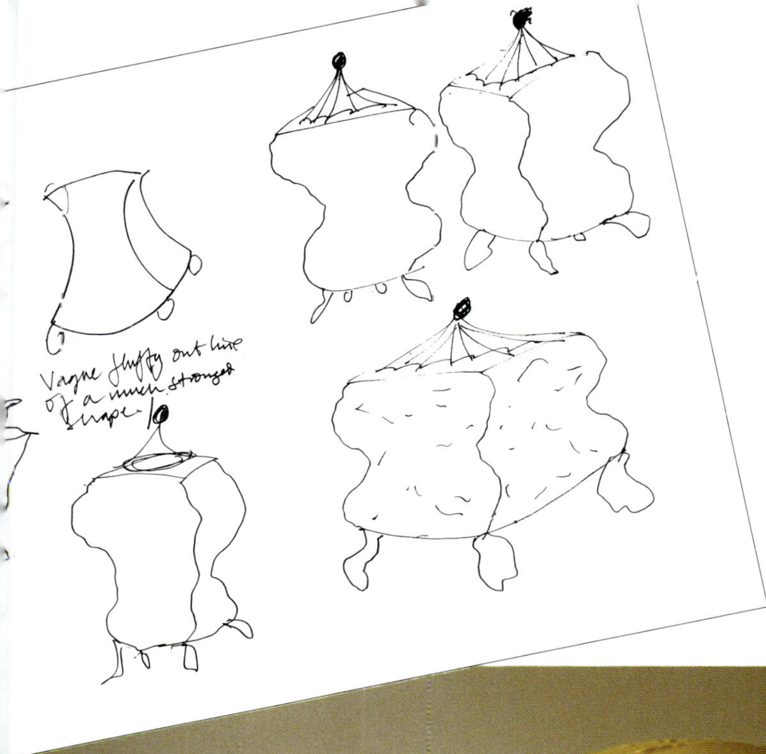

Richard Slee

Eine Skizzenserie für diesen Topf mit Deckel (oben links) zeigt die historische Anleihe beim Barock, die eine persönliche Form annimmt. Die Skizzen für diese und die Kürbisarbeit (unten) lassen die Formen fast automatisch entstehen. Filzstifte sind für schnelle Skizzen gut geeignet. Da sie leicht über das Papier gleiten, brauchen die Skizzen nur Sekunden. Die Ideen, die während des Zeichnens entstanden, werden durch die Töpfereitechniken, die für das einzelne Stück verwendet werden, wesentlich verändert. Die Absicht ist aber, die Spontanität der Skizze zu erhalten.

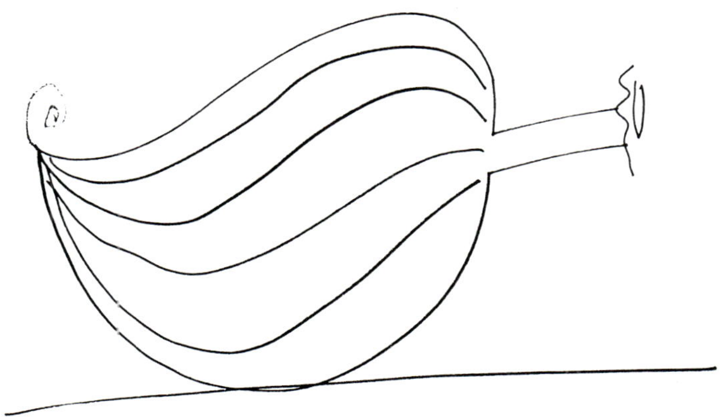

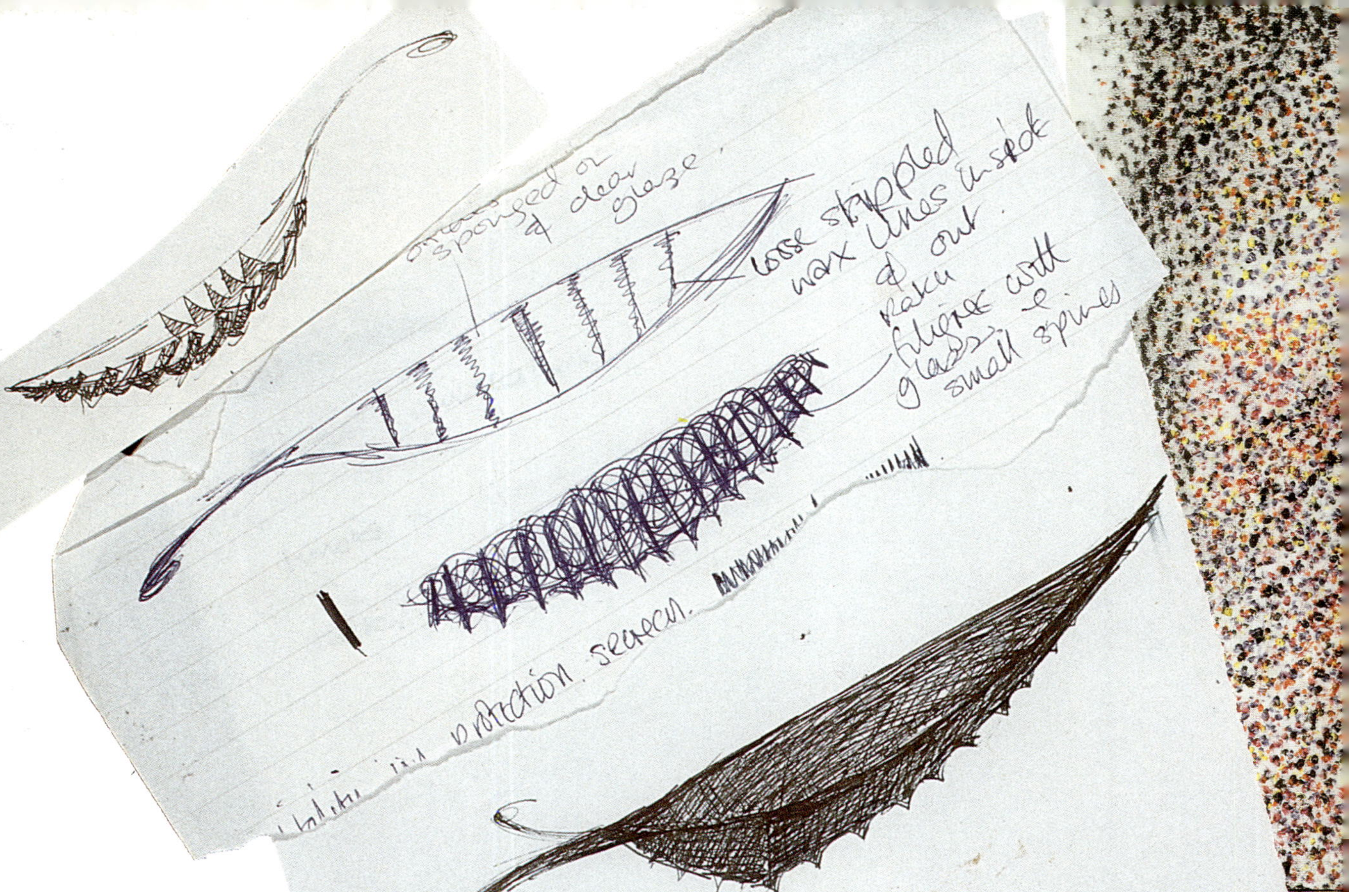

Christine Constant

Die Künstlerin skizziert direkt in Hinblick auf die Entwicklung von Keramiken. Sie probiert ihre Ideen im Zeichnen aus, fertigt dann vielleicht ein Modell an, skizziert dann wieder, um Details der Form, der Farbe und der Oberfläche zu verfeinern. Die Wiege (unten rechts) entstand aus früheren Werken, die auf Booten und Löffeln basieren, und aus denen eine zwittrige Form hervorging. Sie bezieht sich aber auch direkt auf den weiblichen Körper, eine Wirbelstruktur, die eine schützende Behausung für ein zerbrechliches Objekt bietet.

Christine Constant

Die Künstlerin arbeitete hier an Dingen, die aus zwei Teilen bestehen, insbesondere solchen, wo der eine Teil den anderen beherbergt. In diesem Stück (oben) paßt das hohle Horn genau über den Ring. Bei der Skizze in Wachskreide wurde Farbe aufgetragen, dann mit Schwarz abgedeckt und mit einer Kratztechnik wieder sichtbar gemacht. Die Idee, etwas Verstecktes hervorzuholen, steht dahinter.

Die praktischen Prozesse des Designs und der Herstellung von Stoffen erfordern, daß man sich dem Design sehr methodisch annähern muß, indem man etwa frühere Skizzen auf fortlaufende Muster für Stoffe hin untersucht und verschiedene Farbvorschläge für gegebene Muster durchspielt.

Am Anfang ist der Designer noch frei, sich der Aufgabe phantasievoll und malerisch zu nähern, wie in der Farbskizze rechts. Hier handelt

ANGEWANDTES SKIZZIEREN

Textildesign

es sich um ein Gemälde, auf dem sich die Blumenmuster noch fließend entwickeln dürfen. Im Textildesign findet sich eine enorme Vielzahl von Motiven. Gute zeichnerische Fähigkeiten sind wichtig, um individuelle Formen und Kantenqualitäten zu verstehen und Wege zu finden, sie so zu kombinieren, daß sie zu figürlichen, stilisierten oder abstrakten Motiven passen.

Sara Campbell

Die Bilder auf diesen Seiten repräsentieren verschiedene Phasen in der Entwicklung eines bedruckten Stoffes, Collier Campbells „Rio Rose". Die Designskizze (oben) entwickelt die Hauptelemente des Blumenmusters in freie Pinselzeichnung. Dieser malerische Ansatz ermöglicht den Formen und Farben, sich frei zu entwickeln, obwohl der Charakter des Stoffmusters bereits zu erkennen ist. Die Motive wurden dann überarbeitet und mit Veränderungen an einzelnen Motiven, wie die kleineren blauen und gelben Blumen, in einem fortlaufenden Muster (rechts) dargestellt. Dieses Design hat auch die Farbwerte gesteigert, die in einer Farbskala (links) spezifiziert werden, so daß der Entwurf und die Skala zusammen eine detaillierte Grundlage für einen eventuellen Druck bilden. Beim Textildesign muß in Betracht gezogen werden, daß das Material benutzbar sein soll, was einen Einfluß auf die Größe des Motivs hat. Die relativ kleine, lebhafte Musterung von „Rio Rose" erlaubt die Verwendung für viele dekorative Gegenstände, von stoffbezogenen Büchern bis zu Schirmen (oben links).

Register

G

H

I

J

K

T

U

V

W

Z

Danksagungen

Die Autorin und der Verlag möchten allen Künstlern und Organisationen danken, die Arbeiten für dieses Buch zur Verfügung gestellt haben, die hier nur in einer Auswahl gezeigt werden können.

Luciana Arrighi; Suzie Balazs; Susan Barr; Mark Baxter; Sue Blane; Sara Campbell; Collier Campbell; Daphne Casdagli; Castle Museum, Nottingham für „In Love" von Marcus Stone; Moira Clinch; Norman Coates; Christine Constant; Margaret Cooke; Horseman Cooke Design Agency; John Elliot und Gilbert Elliot für die Photographien; Ray Evans; Louise Greenhalgh; Kate Gwynn; Elisabeth Harden; Harrow College, Abteilung: Mode; Ewan Henderson; Sherman Hoeflich; Paul Hogarth; Colin Jellicoe; John Lidzey; Judy Martin; Neil Meacher; Zsuzsannah Morrison; Sonja Nuttall / Central St. Martins College; Peter Partington; Pavilion Books; Cesar Pelli / Olympia & York Canary Wharf Ltd; Seymour Powell; Ravensbourne; RCA; Zandra Rhodes; Ian Simpson; Richard Slee; Stan Smith; Michael Stennett.